QUAND JANINE S'EN MÊLE...

Frédéric ALLARD

Éditions ART ET COMÉDIE
3, rue de Marivaux
75002 PARIS

NOTE SUR L'AUTEUR

Frédéric Allard est né en 1978 à Clermont-Ferrand (Puy-de-Dôme). Dès l'âge de 12 ans, il monte sur les planches avec la troupe théâtrale du collège. En 1995, il fonde avec sa grand-mère maternelle – couturière – ses parents, son frère et sa tante – tous passionnés de théâtre – la troupe du T.A.F. (Théâtre Amateur Familial), qui se produit chaque année et reverse ses bénéfices à la Ligue contre le cancer. Après des études de lettres, il devient professeur d'espagnol et décide en 2013 de s'essayer à l'écriture avec cette première pièce, *Quand Janine s'en mêle…*

PERSONNAGES

par ordre d'entrée en scène

WILLIAM RÉAL : comédien persuadé de sa popularité alors que sa carrière théâtrale est en berne, il est volontiers cynique et cassant. Tous ses collègues l'abhorrent.

FABIENNE CANSADE : comédienne parisienne toujours épuisée, dont la carrière n'a jamais vraiment décollé.

CORINNE BOBA : jeune idiote n'ayant de comédienne que le nom, mais engagée par Edmond car étant sa maîtresse pour jouer un rôle dans la pièce de théâtre qu'il vient d'écrire.

MARIE-BERNADETTE LÉRA DU SERPOLET : comédienne parisienne au parler très XVIe arrondissement, dont la carrière est en perte de vitesse depuis un certain nombre d'années. Compagne d'Edmond, d'une quarantaine d'années son cadet.

EDMOND GAILLOT : auteur, metteur en scène et producteur de la pièce, il est également propriétaire du petit théâtre situé sur l'île du Fauconnier où se déroule l'action. Compagnon de Marie-Bernadette, il est aussi l'amant de Corinne.

JANINE PERNEL : concierge du théâtre. Très curieuse, elle épie les conversations et se mêle de tout ce qui ne la concerne pas y compris de l'enquête.

JOSIANE TOSCA : comédienne parisienne d'une trentaine d'années dont la maigre popularité est inversement proportionnelle à l'allure vulgaire.

VALÉRIE PIALLAT : comédienne parisienne dont la carrière n'est pas une grande réussite, elle a sauté sur la proposition d'Edmond de jouer au sein du théâtre qu'il vient d'acquérir.

Jacques Farland : spectateur se trouvant dans la salle au moment du meurtre, il est aussi inspecteur de police et ami du Dr Pierre Bernard.

Dr Pierre Bernard : médecin généraliste en vacances, il fait partie des spectateurs présents dans la salle au moment du meurtre. Il est aussi ami avec l'inspecteur Jacques Farland.

DÉCOR

Les coulisses d'un petit théâtre quelques heures avant le début d'une représentation, au mois de juin.

Côté jardin : une porte donnant sur une salle de bains-toilettes.

Au fond (plus près de la porte de la salle de bains-toilettes que de l'autre porte) : une porte donnant sur une penderie.

Côté cour : une porte communiquant avec le reste des coulisses et le plateau.

Sur scène : une petite table, un téléphone, un porte-vêtements, un fauteuil et une table de maquillage sur laquelle est fixé un cadre entouré d'ampoules pour figurer un miroir, avec une chaise placée face au public. Lorsque les acteurs feront mine de se regarder dans ce « miroir », ils seront en réalité face au public.

ACTE I

SCÈNE 1

FABIENNE, WILLIAM, CORINE

Fabienne, William et Corinne répètent l'une des scènes de la pièce qu'ils doivent jouer un peu plus tard dans la soirée.

WILLIAM, *dans le rôle de son personnage.* – « Mais comment pouvez-vous, mon amie, supporter un tel mépris ?

FABIENNE, *jouant également son rôle.* – C'est mon devoir d'épouse, voilà tout…

WILLIAM. – Oubliez-le, je vous en conjure ! Suivez-moi, partons ensemble !

FABIENNE. – Je ne le peux point. Je ternirais son honneur et je ne pourrais m'en remettre.

WILLIAM. – Mais jusqu'où la vie aura-t-elle raison d'une existence où la joie n'a pas de bonheur ?

FABIENNE. – Je vous en prie, ne vous mettez pas dans un état pareil et savourons plutôt ces derniers instants que nous pouvons passer ensemble. Prenez plutôt un de ces biscuits que je vous ai confectionnés avec tant d'amour et que vous appréciez tant.

WILLIAM. – Merci, ma douce. Ils sont toujours délicieux…

CORINNE, *faisant un pas en avant et lançant sa réplique en jouant excessivement mal, en ondulant de la voix telle une modulation de fréquence.* – Monsieur, on vous demande. C'est un client. »

WILLIAM, *changeant radicalement de ton et s'adressant à Corinne.* – Non, non, non et non ! Mais qui m'a collé des comédiennes pareilles ?! Et dire que je devrais être en ce moment même dans l'un des plus grands théâtres parisiens jouant une pièce à la hauteur de mon talent ! Au lieu de ça, je me retrouve dans cet obscur théâtre de l'île du Fauconnier, perdue dans l'Atlantique au large de la côte landaise, affublé d'une comédienne qui n'a bien de comédienne que le nom…

CORINNE, *niaise.* – Et qu'est-ce qui ne va pas cette fois-ci ? Je ne suis pas dans le ton du personnage ?

WILLIAM. – Disons plutôt que tu n'es dans aucun personnage… Non, vraiment, je ferais mieux de m'occuper de choses qui en valent la peine et de m'assurer par exemple que notre chère concierge, Janine, a bien pensé à vérifier si les biscuits utilisés pour cette scène sont sans arachide. Je suis allergique aux arachides et je ne voudrais pas me retrouver dans l'incapacité de jouer ce soir à cause d'une erreur aussi stupide. La pièce ne reposerait alors que sur une grappe d'actrices sans grand talent.

FABIENNE. – Il y a des grappes qui donnent du bon vin, William. Et puis arrête de bousculer cette petite. Tu vas lui faire perdre tous ses moyens !

WILLIAM, *à Fabienne.* – Quels moyens ?! *(À Corinne.)* Non, décidément, ma petite, à part ton talent indiscutable à avoir su jouer de tes charmes auprès de notre cher producteur Edmond Gaillot, je dois t'avouer que je ne t'en vois aucun pour le théâtre.

Corinne pleure de façon idiote.

FABIENNE, *à William*. – C'est malin ! À quelques heures de la première ! *(À Corinne.)* Allons, allons, ce n'était pas si mal que ça. C'est le trac qui a fait tenir à William des propos qui ont sans doute un peu dépassé sa pensée. *(William grimace.)* Allons, ça va aller, tu vas très bien t'en sortir. *(À William.)* Déjà que ce n'était pas terrible au départ, si en plus elle pleure ça va être une véritable catastrophe ! Ah ! ça m'épuise d'avance…

Corinne, qui entend, relève la tête et pleure encore plus fort. Le téléphone sonne. William répond. Corinne continue de pleurer dans son coin.

WILLIAM. – Allô !… Ah ! c'est vous, Christiane ?

Fabienne entend le prénom et comprend qu'il s'agit de sa sœur. Elle tente alors de se saisir du téléphone.

FABIENNE, *à William*. – C'est ma sœur, passe-la-moi !

WILLIAM, *poursuivant la conversation téléphonique pendant que Fabienne tente de saisir l'appareil*. – Oh ! vous tombez mal, Fabienne est morte. *(Désignant Fabienne d'un geste de la main.)* Ah oui ! Très brutalement. D'après le médecin, elle a été victime du syndrome des grandes emmerdeuses. Alors faites-vous dépister, Christiane, parce que vous faites tout de même partie de la population à risque !

FABIENNE, *parvenant à saisir le téléphone*. – Allô ! Christiane… Oh oui ! Il est très en forme, en effet… Il est aussi particulièrement agaçant, mais ça ce n'est pas nouveau. Excuse-moi de ne pas t'avoir donné de nouvelles plus tôt, mais nous sommes arrivés il y a une semaine sur l'île et, avec toutes les répétitions, nous n'avons pas eu une seconde à nous. Je suis vannée… Oui, la grande première a lieu ce soir…

WILLIAM, *à part*. – La grande première ratée d'un navet écrit par le grand Edmond Gaillot !

FABIENNE, *au téléphone.* – Jules et toi venez nous voir jouer demain soir ?… Tu verras, il est très simple de rejoindre l'île depuis le continent. Il vous suffira de prendre le bac dans le port de Mimizan et un petit quart d'heure plus tard vous serez sur l'île… C'est ça, à demain… Moi aussi je t'embrasse. *(Elle raccroche.)*

WILLIAM. – Et ils ne pourront pas manquer le théâtre puisqu'il n'y a que lui ici… Le calme le plus complet, pas un seul habitant… Le dépaysement et l'exotisme, quoi ! Et encore, si les gens se déplacent depuis le continent, il faudra s'estimer heureux parce qu'avec cet orage qui menace… Mais quel mal m'en a pris d'accepter de venir jouer ici avec des comédiens de seconde zone ?!

FABIENNE. – Tu es venu ici pour la même raison que nous tous : pour gagner ta vie car ta carrière est au plus bas.

WILLIAM. – Ma carrière au plus bas ?! Mais quelle outrecuidance ! On n'attend que moi à Paris, madame ! Si l'on m'a demandé de venir ici, c'est simplement parce qu'il fallait une tête d'affiche.

CORINNE, *tout en continuant de pleurer.* – Mais Edmond m'avait promis que ce serait moi la tête d'affiche…

WILLIAM. – Comment te dire, ma petite Corinne… Si tu étais la tête d'affiche, alors il vaudrait autant fournir aux spectateurs les tomates avec le billet d'entrée.

Corinne sanglote.

SCÈNE 2

FABIENNE, WILLIAM, CORINNE, MARIE-BERNADETTE, EDMOND

Marie-Bernadette entre, en provenance du plateau, accompagnée d'Edmond qui lui tient la main. Elle récite de façon pincée et grandiloquente des vers de Paul Verlaine.

MARIE-BERNADETTE. – « Au calme clair de lune triste et beau,
Qui fait rêver les oiseaux dans les arbres
Et sangloter d'extase les jets d'eau,
Les grands jets d'eau sveltes parmi les marbres. »

WILLIAM. – Et il ne manquait plus qu'eux !

EDMOND. – Oh ! minou, c'est magnifique !

MARIE-BERNADETTE. – Merci, minou. Mais tu sais, c'est Verlaine qu'il faut remercier pour la magnificence de ces quelques vers. Je n'en suis que l'humble interprète.

EDMOND. – Ne sois pas modeste. La beauté de ce poème repose pour beaucoup sur ton interprétation, minou.

MARIE-BERNADETTE, *attendrie et faussement humble.* – Oh ! minou…

WILLIAM, *à Edmond.* – Peut-être faudrait-il préciser à « minou » qu'elle porte des cornes qui risquent de s'accrocher dans les cintres au-dessus de la scène… Enfin, moi je dis ça…

MARIE-BERNADETTE, *ayant entendu les propos de William.* – Mon cher William, permettez-moi de vous conseiller d'aller vous

13

faire contempler les replis de la zone sous-périnéenne du côté de l'Acropole.

EDMOND. – Allons, allons, calmez-vous un peu. Il est normal que les esprits s'échauffent à moins d'une heure de la première, mais il faut que nous restions concentrés sur l'essentiel : la pièce que nous jouons ce soir. Gardez bien à l'esprit qu'il est pour moi capital que tout se passe pour le mieux. Je suis, ne l'oubliez pas, non seulement l'auteur de la pièce, mais également son producteur, son metteur en scène et le propriétaire de ce théâtre, acquis grâce à la générosité de ma chère Marie-Bernadette ici présente. *(D'un air mielleux.)* N'est-ce pas, minou ? J'espère vraiment que la menace d'orage ne rebutera pas les spectateurs…

MARIE-BERNADETTE. – Ne te tracasse pas, minou.

Corinne se saisit d'un plateau sur lequel se trouvent différents jus de fruits. Elle en propose à Marie-Bernadette de façon mielleuse.

CORINNE. – Marie-Bernadette, j'ai pensé qu'un petit rafraîchissement vous ferait plaisir. Qu'est-ce que je peux vous proposer ? Jus d'orange, jus de pomme, jus de mangue, jus de fraise, jus d'ananas ou jus de tomate ?

MARIE-BERNADETTE. – C'est gentil mais je ne bois que du jus de pamplemousse, ma petite Corinne… Vous n'en avez pas ?

CORINNE. – Non…

MARIE-BERNADETTE. – Alors, non merci mon petit…

Corinne repart poser son plateau, visiblement agacée mais cherchant à le cacher.

SCÈNE 3

Janine entre avec un plumeau à la main.

JANINE. – Bon, c'est pas tout ça mais faudrait p't-être que j'attaque le ménage et le rangement de tout votre bazar avant le début de la pièce ! Sinon ça va-t-être comme à toutes les répétitions : vous n'allez plus savoir où sont vos costumes. Mme du Serpolet…

MARIE-BERNADETTE. – Mme Léra du Serpolet, je vous prie.

JANINE. – C'est ça, oui… Mme Marie-Bernadette, quoi ! Mme Marie-Bernadette, donc, va pousser des cris et dire que c'est effroyable parce qu'elle ne retrouve pas ses affaires, M. Réal va nous redire qu'à Paris ça ne se passerait pas comme ça et normalement, si ça file droit, Mlle Boba va finir par pleurer. Pour le soir de la première, ce serait moche…

EDMOND. – Janine, je préférerais que vous alliez aux entrées. C'est vous qui êtes au guichet ce soir, ne l'oubliez pas !

JANINE. – Comment que je pourrais l'oublier ? C'est moi qui va y être tous les soirs ! Vous inquiétez pas, m'sieur Gaillot, c'est comme si j'y étais. Une concierge de théâtre ça doit savoir tout faire. *(Elle range un peu autour d'elle.)*

WILLIAM. – Fabienne, nous pourrions peut-être terminer notre répétition sur scène ? Corinne et toi en avez bien besoin.

William sort. Fabienne lui emboîte le pas.

FABIENNE. – Ce que tu m'agaces, mon pauvre William !

CORINNE. – Je vous rejoins dans cinq minutes…

MARIE-BERNADETTE, *se levant et allant pour sortir.* – Puis-je me joindre à vous et vous donner la réplique ? Une grande comédienne comme moi doit savoir se mettre à la portée de la nouvelle génération et lui permettre de partager son haut magistère intellectuel et théâtral… *(Une pause.)* L'essentiel est de savoir par ailleurs conserver toute son humilité.

Marie-Bernadette sort.

SCÈNE 4

CORINNE, EDMOND, JANINE

Janine poursuit son nettoyage et son rangement. Edmond la regarde, agacé.

JANINE, *voyant l'agacement d'Edmond.* – Oui, oui, oui, j'y vais à vos entrées, m'sieur Gaillot. Dans cinq minutes c'est tout nickel ici et je m'y colle.

EDMOND. – Janine ! *(Une pause.)* Janine… *(Lui faisant signe de sortir.)*

JANINE, *comprenant qu'Edmond veut rester seul avec Corinne.* – Ah !!! J'y vais ! *(Elle adresse à Edmond un clin d'œil qui se voulait discret mais qui est loin de l'être. Elle lui fait signe qu'elle restera muette.)* Vous me connaissez !

EDMOND. – Justement ! *(Il reproduit le geste par lequel Janine lui a fait comprendre qu'elle resterait muette.)*

Janine sort.

CORINNE. – Oh ! Edmond, je n'en peux plus… William est insupportable avec moi. En plus, il me dit que je joue mal…

EDMOND, *faux*. – Mais comment peut-il se permettre?…

CORINNE. – Et Marie-Bernadette est très étrange avec moi, j'ai l'impression qu'elle se doute de quelque chose…

EDMOND. – Ne t'inquiète pas, nous serons bientôt loin de tout ça. Sois patiente, j'ai encore besoin de quelques mois pour que Marie-Bernadette me transfère tous les fonds qu'elle m'a promis.

CORINNE. – Mais tu es vraiment sûr qu'elle ne se doute de rien?

EDMOND. – Certain. Elle est persuadée de me transférer de l'argent pour réaménager ce théâtre dans l'espoir d'y jouer une grande pièce dont je serais l'auteur et qui relancerait sa carrière. Jamais elle n'imaginerait que j'envoie lentement mais sûrement tout son argent sur un compte à l'étranger pour y préparer notre nouvelle vie à toi et à moi. Quelques mois encore et nous nous envolerons tous les deux, ma chérie.

CORINNE. – Je te jure que je serai patiente… Et puis, tu m'as promis un théâtre rien que pour moi…

EDMOND. – Oh oui! Je t'imagine déjà sur scène, avec un texte beau et puissant. *(Il s'enflamme.)* Pourquoi pas, tiens, te voir déclamer sur un fond de musique révolutionnaire, des passages de la Déclaration des droits de l'homme et du citoyen?

CORINNE, *semblant peu motivée*. – Oh! Tu sais, moi, Victor Hugo…

EDMOND, *décontenancé*. – Oui, enfin… Bon, alors un beau texte de George Sand?

CORINNE, *sincère*. – J'le connais pas ce mec.

EDMOND, *ne désarmant pas*. – Ou bien, tiens, un extrait de *Lorenzaccio*, une pièce écrite par Alfred de Musset, l'un des amants de George Sand.

CORINNE. – Alfred, c'était l'amant de Georges ? Ah ! ben je le connais pas non plus cet Alfred, mais je veux bien parce que j'ai toujours été pour la défense des couples de même sexe.

EDMOND, *dépité*. – Bon, enfin on verra bien… Il faudra peut-être effectivement envisager pour toi une autre carrière, mais l'essentiel c'est qu'on soit tous les deux et je te promets qu'il n'y en a plus pour très longtemps. En attendant, restons discrets et, toi, fais bonne figure à Marie-Bernadette, il ne faudrait pas éveiller ses soupçons.

Ils s'embrassent avec fougue.

SCÈNE 5

EDMOND, CORINNE, JOSIANE

Josiane entre brusquement, un chewing-gum dans la bouche.

JOSIANE. – Dites, les amoureux de Peynet, il faudrait voir à rappliquer, y a du grabuge sur scène…

EDMOND. – Les amoureux de Peynet ?! Josiane, vous vous égarez !

JOSIANE. – Oui, les amoureux de Peynet, Laurel et Hardy ou Tic et Tac, comme vous voulez, quoi !

EDMOND. – Et dire que je vous ai attribué dans ma pièce le rôle d'une jeune femme délicate… Un vrai rôle de composition !… Vous pourriez tout de même être plus discrète, Josiane. On ne vous a jamais appris à frapper aux portes avant d'entrer ?

JOSIANE, *les montrant du doigt.* – Ah! vous parlez de… Mais vous faites ce que vous voulez, moi je m'en bats les paupières avec une pelle à tarte! En attendant, il vaudrait mieux faire fissa si vous ne voulez pas que votre chère et tendre officielle n'arrache les yeux de votre tête d'affiche avant le début de la première représentation!

EDMOND, *las.* – Mais qu'est-ce qui se passe encore?

JOSIANE. – Oh, pas grand-chose! Marie-Bernadette vient juste de coiffer William avec le seau de fromage blanc qu'elle a trouvé dans les cuisines.

EDMOND. – Ce qu'elle peut être sanguine parfois!

CORINNE. – Oui, ça promet…

EDMOND, *à Corinne.* – Ne t'en fais pas. *(À Josiane.)* Elle s'emporte quelquefois pour si peu… Savez-vous ce qui s'est passé?

JOSIANE. – Oh oui! Si peu… William lui a simplement dit qu'elle était une vieille maquerelle et il me semble que ça venait juste après l'avoir traitée de Sarah Bernhardt sur le déclin…

EDMOND. – Je vois, oui… Bon, j'arrive, Josiane. Je vais voir ce que je peux faire pour calmer tout ce beau monde. *(À Corinne.)* Courage, ma chérie, tout ça sera bientôt fini. *(Il la renverse pour l'embrasser.)*

Alors que Josiane va pour sortir, Marie-Bernadette surgit. Josiane lui fait barrage, mais Marie-Bernadette finit par passer. Edmond est toujours penché sur Corinne.

MARIE-BERNADETTE, *d'un ton vif.* – Que se passe-t-il ici?

CORINNE, *surprise, improvisant pour trouver une excuse.* – C'est moi… j'avais un moucheron dans l'œil… alors Edmond essayait de me l'enlever.

MARIE-BERNADETTE, *peu convaincue.* – Un moucheron?

EDMOND, *décontenancé*. – Un moucheron, oui… Dans l'œil… C'est ça… C'est bien ça…

MARIE-BERNADETTE, *semblant cette fois convaincue par Edmond*. – Oh ! minou tu es vraiment toujours prêt à rendre service !

EDMOND. – Eh oui, minou, c'est dans ma nature, que veux-tu ?

MARIE-BERNADETTE. – Eh bien, là, c'est moi qui ai besoin de ton aide, minou. J'exige que tu renvoies immédiatement cet infâme William Réal.

EDMOND. – Mais enfin, te rends-tu compte de ce que tu me demandes ? Tu sais bien que c'est impossible, la première a maintenant lieu… *(Regardant sa montre.)*… dans un quart d'heure, et il n'a aucune doublure !

MARIE-BERNADETTE. – Si tu m'avais écoutée, il y a fort longtemps que ce butor ne serait plus parmi nous. Rappelle-toi, dès le début de ce projet je ne voulais déjà pas que tu l'engageasses.

EDMOND. – Écoute-moi, Marie-Bernadette, tu sais bien que je suis prêt à tout pour toi. *(Corinne, jalouse, toussote.)* Mais là je ne peux pas. Cela reviendrait à annuler la représentation de ce soir. Or, les spectateurs ont déjà fait la traversée, ils sont sur l'île, nous devons les accueillir. *(Une pause.)* Je t'en supplie, minou… *(Une pause.)* Minou…

MARIE-BERNADETTE. – Soit, minou. J'accède à ta requête. Mais je te préviens, si ce faquin me manque une nouvelle fois de respect, je le tue !

Marie-Bernadette sort.

JOSIANE. – Il vaudrait mieux que vous y alliez sinon dans cinq minutes ça recommence…

CORINNE. – Oui, mon chéri, Josiane a raison…

EDMOND, *adressant un clin d'œil à Corinne pour la rendre complice de ce qu'il va dire.* – « Mon chéri » ? Mais à qui croyez-vous parler, Corinne ?

CORINNE, *regardant son clin d'œil sans comprendre.* – Qu'est-ce qu'il y a ? Tu as un moucheron dans l'œil toi aussi ? *(Elle rit de façon nigaude.)*

EDMOND. – Non, je n'ai pas de moucheron dans l'œil ! Mais Corinne, « chéri »… *(Montrant Josiane.)*… c'est sans doute le trac qui vous fait dire n'importe quoi ?

CORINNE, *comprenant enfin.* – Oh oui ! Bien sûr ! *(Une pause.)* Excuse-moi, chéri *(Elle met sa main devant la bouche en comprenant qu'elle vient de répéter la même sottise.)*

EDMOND. – Bon, j'arrive, Josiane.

JOSIANE. – Ce serait mieux, oui !

CORINNE. – Je viens avec vous. De toute façon, je suis presque prête pour la représentation. Il ne me reste plus qu'à me changer.

Tous sortent.

SCÈNE 6

VALÉRIE, JANINE

Valérie entre.

VALÉRIE, *parlant seule.* – Oh ! j'en ai vraiment assez de ces énergumènes au moi hypertrophié ! Si ça continue, je ne serai jamais prête… *(Elle regarde sa montre.)* D'autant que je suis sur scène dès le lever de rideau ! *(Prenant un air important.)* C'est moi qui ouvre la pièce. M. Gaillot ne s'y est pas trompé, il sait reconnaître une vraie comédienne quand il en voit une… *(Elle s'assoit à la table de maquillage.)*

JANINE. – Allons bon, je pensais qu'y aurait personne dans les loges à cette heure-ci… Il faut absolument que je range ce capharnaüm, moi ! Allez, madame Piallat, oust ! De l'air ! Faut que je range !

VALÉRIE. – Janine, je comprends que vous deviez ordonner toutes nos affaires, mais là je dois vraiment me préparer… Je ne peux pas attendre davantage sinon je ne serai jamais prête à l'heure et j'ai besoin d'un peu de calme pour ça.

JANINE. – Oh ! mais faites comme si j'étais pas là ! Moi, vous savez, je vois rien, j'entends rien… Et pourtant, j'en sais des choses… Mais… *(Elle fait signe qu'elle reste muette en faisant mine de verrouiller sa bouche et de jeter la clé.)* Tenez, par exemple, je sais bien pourquoi vous préféreriez que je vous laisse un moment toute seule, là, maintenant…

VALÉRIE, *surprise et gênée*. – Comment ça ? Mais je ne vois pas du tout ce que vous voulez dire…

JANINE. – Oui ! Je veux dire que je sais bien ce que vous cachez, moi, dans votre petit tiroir, mais vous m'imaginez, moi, aller le répéter ?

VALÉRIE, *surprise et inquiète*. – Comment ça ce que je cache dans mon tiroir ?!

JANINE. – Vos petites pilules de « vitamines »…

VALÉRIE. – Eh bien, alors, ça n'a rien de secret…

JANINE. – Oh ! madame Valérie, on sait bien ce que ça veut dire des « vitamines » dans votre milieu. *(Elle insiste sur le mot « vitamines ».)* Surtout quand on voit l'effet qu'elles vous font les jours où vous en prenez un peu trop…

Valérie, *gênée, cherchant à écourter la conversation.* – Bon, bref… Quoi qu'il en soit, il faut absolument que je me maquille maintenant, Janine. C'est pour ça que, si vous pouviez remettre votre rangement à un peu plus tard…

Janine. – Ah ! mais si c'est que ça, fallait le dire ! J'vais vous maquiller, moi !

Valérie, *cherchant à éviter que Janine ne la maquille.* – Merci Janine, mais je ne voudrais pas vous retarder, vous avez déjà assez à faire…

Janine. – Allez, allez, ça me fait plaisir ! Passez-moi votre attirail…

Valérie. – C'est-à-dire que… *(Elle pivote sur sa chaise pour tourner le dos au public et faire face à Janine. Celle-ci se saisit du rouge à lèvres et commence à maquiller Valérie en débordant très largement autour des lèvres. Le visage de Valérie reste invisible aux yeux du public pendant toute la séance de maquillage.)* Ja… Jani… Janine…

Janine. – Voilà, c'est déjà pas mal !

Valérie, *toujours cachée au public.* – Je dois sembler soupçonneuse dans la première scène. Si vous pouviez faire ressortir ça par mon maquillage…

Janine dessine au crayon, d'un seul côté, un sourcil en forme d'accent circonflexe jusqu'à la moitié du front de Valérie.

Janine. – Et voilà ! Là, l'air soupçonneux on ne pourra pas le manquer…

Janine fait pivoter Valérie sur sa chaise pour qu'elle se regarde dans le « miroir » et laisse donc le visage de Valérie visible par le public.

VALÉRIE, *se regardant dans le « miroir »*. – C'est peut-être un peu chargé, non ?

JANINE. – Chargé ? Vous plaisantez ! C'est du maquillage professionnel ça, madame Valérie !

VALÉRIE, *horrifiée, continuant à regarder son visage dans le « miroir »*. – Si vous le dites…

SCÈNE 7

VALÉRIE, JANINE, MARIE-BERNADETTE

Marie-Bernadette entre en trombe.

MARIE-BERNADETTE. – Ah ! quel dommage ! Je n'avais aucune lame tranchante sous la main ! Sans cela, il y a fort longtemps que j'aurais réglé son compte à cet insupportable, à ce malappris, à ce sinistre personnage de William Réal…

JANINE. – Mais vous n'en avez pas bientôt fini avec vos chamailleries ?

MARIE-BERNADETTE. – Ce ne sont en rien que des chamailleries, ma chère Janine. Il s'agit d'un manque de respect évident à l'égard d'une comédienne de mon rang ! À peine a-t-il achevé de m'insulter qu'il recommence.

JANINE. – D'accord, d'accord, madame Marie-Bernadette… Mais de là à dire que vous tueriez M. William avec une lame tranchante…

MARIE-BERNADETTE. – Vous avez parfaitement raison, Janine. Une lame tranchante… Mais ce serait bien trop délicat pour cet arrogant personnage ! Non, disons plutôt le poison, un poison lent mais redoutable… Il souffrirait bien davantage…

VALÉRIE. – Et ça recommence !… On se demande ensuite pourquoi j'ai besoin de mes petites « vitamines »… *(Elle sort la boîte et avale une pilule.)* Ah… *(Comme soulagée.)*

MARIE-BERNADETTE, *se retournant et apercevant Valérie maquillée.* – Que s'est-il passé, mon petit, avec votre maquillage ? *(Amusée.)* Auriez-vous dérapé ?

JANINE, *vexée.* – Comment ça qu'elle aurait dérapé ? *(Fière.)* C'est moi qui l'a fait !

MARIE-BERNADETTE, *amusée.* – Je me disais aussi qu'il y avait dans ce maquillage quelque chose de… comment dirais-je… de…

VALÉRIE. – De… ?

JANINE, *toujours très fière.* – … d'artristrique ?

MARIE-BERNADETTE, *amusée.* – Oui… Ou plutôt de rustique…

> *Corinne entre avec une brique de jus de pamplemousse à la main.*

CORINNE. – Marie-Bernadette, je vous ai trouvé du jus de pamplemousse ! Ça vous aidera à vous détendre…

MARIE-BERNADETTE. – Oh ! c'est gentil, ma petite Corinne, mais à cette heure-ci, à quelques minutes du lever de rideau, le jus de pamplemousse, non, ça me donne des aigreurs d'estomac épouvantables…

CORINNE, *à part, en allant pour reposer la brique.* – Vieille bique…

MARIE-BERNADETTE. – Plaît-il ?…

CORINNE. – Je disais : « ma brique ». Je vais reposer ma brique…

Corinne sort.

JANINE, *s'approchant de Marie-Bernadette.* – Vous êtes sûre que ça va aller, madame Marie-Bernadette ?

MARIE-BERNADETTE. – Ne vous en faites pas, Janine ! Une comédienne forte de mon expérience en a vu d'autres. Et ce n'est pas un William Réal qui la fera céder ! *(Grandiloquente.)* Je suis comme le roseau : je plie mais ne romps pas…

JANINE. – Bon, je préfère ça… Je m'en vais m'occuper des entrées, sans ça M. Gaillot va ruer dans les pancartes.

VALÉRIE. – Vous voulez sans doute dire « ruer dans les brancards », Janine ?

JANINE, *riant très près du visage de Marie-Bernadette.* – Oui, il ruera bien où il voudra…

MARIE-BERNADETTE, *sentant l'odeur qui se dégage de la bouche de Janine.* – Oh ! Janine, vous vous êtes encore servie dans mes chocolats !

JANINE. – Moi, madame ?

MARIE-BERNADETTE. – Ne niez pas, vous sentez le chocolat à plein nez, Janine ! Vous avez mangé un de mes chocolats ?

JANINE. – Ah non ! *(Une pause.)* J'en ai mangé deux…

MARIE-BERNADETTE. – Je vous ai pourtant déjà dit qu'il m'insupportait que vous vous servissiez dans les cadeaux que mes nombreux admirateurs me font livrer.

VALÉRIE, *à part, se parlant à elle-même.* – Les cadeaux de ses admirateurs, tu parles ! C'est elle qui se les envoie !

JANINE. – Bon, d'accord j'me suis peut-être un peu servie… Mais j'suis gourmande, j'y peux rien.

MARIE-BERNADETTE. – Filez avant que la moutarde ne me monte au nez !

Janine sort en soufflant.

SCÈNE 8

VALÉRIE, MARIE-BERNADETTE, JOSIANE, FABIENNE, EDMOND

Josiane entre.

JOSIANE. – Non, mais quelle enflure !

VALÉRIE. – Laisse-nous deviner… William Réal ?

JOSIANE. – Comment le sais-tu ?

MARIE-BERNADETTE. – Comment ne pourrions-nous pas le savoir ?

VALÉRIE. – C'est vrai, depuis le début il est infect avec tout le monde. Et qu'a-t-il fait cette fois ci ?

JOSIANE. – On était en train de revoir certains détails de l'une de mes scènes que Monsieur ne trouvait pas à son goût et, lorsque j'ai fait mon entrée, il n'a rien trouvé de mieux que de me dire qu'il avait découvert ce qui n'allait pas… Et ce n'était pas ma réplique ni même mon jeu de scène mais mon rôle tout entier qu'on aurait dû supprimer !

VALÉRIE. – Ah ! Il ne recule devant rien ! Hier, je l'ai entendu dire à Corinne que son mono-neurone ne lui permettait pas de se concentrer en même temps sur son texte et sur son jeu.

Marie-Bernadette. – Charmant !

Josiane. – Bref, quoi qu'il en soit, si j'avais eu une hache sous la main à ce moment-là, je lui aurais fendu le crâne en deux !

Valérie. – Dis-moi, tu es encore plus radicale que Marie-Bernadette !

Josiane. – Comment ça ?

Valérie. – Eh bien, elle, elle hésitait entre une lame tranchante et un poison lent.

Marie-Bernadette. – J'ai dit ça sous l'empire de la colère. Vous ne m'imaginez tout de même pas m'abaisser à ces sombres projets ?

Valérie. – Allez, Marie-Bernadette, n'ayez pas honte ! *(Sur le ton de la complicité.)* Moi-même, la semaine passée, je dois vous avouer que j'ai confectionné une poupée vaudou de William dans laquelle j'ai planté quelques aiguilles.

Marie-Bernadette, *intéressée*. – Et avez-vous constaté un résultat ?

Valérie. – Rien !

Josiane. – Y a de quoi être déçu… Mais qu'il retourne à Paris s'il ne veut pas être ici ! Il est tellement convaincu qu'on n'attend que lui là-bas… *(Prenant soudainement conscience du maquillage de Valérie.)* Mais qu'est-ce qui t'est arrivé ? *(Elle rit.)* Tiens, mais tu t'es maquillée sur le bateau pendant la traversée ?

Valérie, *agacée*. – Désopilant… Non, c'est Janine qui a tenu à me maquiller.

JOSIANE, *amusée*. – Peut-être devrais-tu faire une ou deux petites retouches ?

MARIE-BERNADETTE. – En effet, il semble impérieux de revoir rapidement ce chef-d'œuvre esthétique…

Fabienne entre.

FABIENNE. – Oooh !!! Il me donne des envies de meurtre !

MARIE-BERNADETTE, JOSIANE et VALÉRIE, *ensemble*. – William !

FABIENNE. – Comment avez-vous deviné ?

JOSIANE. – On le dit toutes ! Il nous donne des envies de meurtre à nous aussi…

VALÉRIE. – Oh oui ! On y prendrait même du plaisir…

FABIENNE. – Ce crétin vient de me traiter de mollusque décérébré !

VALÉRIE. – Calme-toi, voyons, ce n'est pas contre toi ! Tu sais bien qu'il fait ça avec tout le monde !

JOSIANE. – On dirait qu'il prend plaisir à être détesté…

MARIE-BERNADETTE. – Et il y réussit très bien !

FABIENNE. – Qu'il soit désagréable avec tout le monde, soit… mais avec moi…

JOSIANE. – Comment ça ? Qu'est-ce que tu veux dire ?

FABIENNE. – Euh… non… rien… rien du tout…

VALÉRIE. – C'est vrai ça, pourquoi devrais-tu être la seule avec qui il ne serait pas désagréable ?

FABIENNE. – Pour rien, oubliez ça. *(Apercevant soudainement Valérie.)* Mon Dieu, ton maquillage !

VALÉRIE. – Tu ne vas pas t'y mettre toi aussi ! C'est Janine qui a laissé libre cours à son expression artistique… Mais je vais essayer d'arranger ça.

MARIE-BERNADETTE. – Faites vite, mon petit, la représentation ne va pas tarder à commencer.

VALÉRIE, *affolée*. – L'heure tourne et, le temps que j'enfile mon costume, je vais avoir du mal à rectifier cette horreur ! Et pourtant, il va bien falloir…

EDMOND, *passant la tête par la porte*. – Vite, vite, mesdames ! Lever de rideau dans dix minutes !

Edmond ressort.
Noir.

SCÈNE 9

WILLIAM, FABIENNE, JANINE, MARIE-BERNADETTE, VALÉRIE, JOSIANE

La lumière revient. La scène est vide. On entend les trois coups retentir. La représentation a commencé. On entend déclamer en coulisse.

WILLIAM. – « Mais comment pouvez-vous, mon amie, supporter un tel mépris ?

FABIENNE. – C'est mon devoir d'épouse, voilà tout…

WILLIAM. – Oubliez-le, je vous en conjure ! Suivez-moi, partons ensemble !

FABIENNE. – Je ne le peux point. Je ternirais son honneur et je ne pourrais m'en remettre.

WILLIAM. – Mais jusqu'où la vie aura-t-elle raison d'une existence où la joie n'a pas de bonheur ?

FABIENNE. – Je vous en prie, ne vous mettez pas dans un état pareil et savourons plutôt ces derniers instants que nous pouvons passer ensemble. Prenez plutôt un de ces biscuits que je vous ai confectionnés avec tant d'amour et que vous appréciez tant.

WILLIAM. – Merci ma douce. Ils sont toujours délicieux…

CORINNE, *sur le même ton que dans la scène 1*. – Monsieur, on vous demande. C'est un client. »

> *On entend un bruit d'étouffement de William puis des pas rapides en direction de la porte. William entre, visiblement saisi d'un malaise et paraissant étouffer, suivi de Janine, Josiane, Valérie, Marie-Bernadette et Fabienne. Il s'agite et semble à la recherche de quelque chose.*

JANINE. – Ce doit être son allergie à l'arachide ! *(À William, qu'elle regarde s'agiter.)* C'est votre stylo injecteur contre votre allergie que vous cherchez ? *(William répond en hochant la tête avant de s'effondrer dans le fauteuil.)* C'est moi que je l'ai rangé. Bougez pas, monsieur William ! Soyez tranquille, Janine s'occupe de tout ! *(William lève les yeux au ciel, inquiet.)* Ah ! le voilà ! *(Elle tient le stylo injecteur dans sa main.)* Je savais bien où il était, moi. Comme je dis toujours : « chaque chose à sa place et une place pour chaque chose ».

TOUS LES AUTRES, *affolés*. – Mais vite, Janine, vite !

JANINE, *lui plantant le stylo injecteur dans la cuisse*. – Et voilà ! *(William meurt instantanément. Silence. Les autres, qui semblent avoir compris, regardent le corps, médusés. Janine, elle, n'a pas* *saisi.)* Ah ! ça va mieux là… *(À William.)* Hein que ça va mieux, m'sieur William ? Vous êtes plus calme… *(Aux autres.)* Il a l'air plus calme, non ?

MARIE-BERNADETTE. – Enfin, Janine… il est… il est…

JOSIANE. – … mort ! Il est tout ce qu'il y a de plus mort !

Cris d'effroi des autres sauf de Janine.

JANINE. – Mais non, il se repose !!! Pensez, après une crise pareille, il a besoin de repos. Ah ! elle vous a bien soigné votre Janine ! Pas vrai, m'sieur William ? *(Elle lui donne un coup de coude et William tombe légèrement sur le côté. Janine semble enfin comprendre, s'approche et essaie de lui prendre le pouls.)* C'est pas Dieu possible ! *(Épouvantée, elle lâche son poignet.)* Il est mort !

L'orage gronde.

SCÈNE 10
TOUS

Edmond entre.

EDMOND, *ne se rendant compte de rien*. – Ça y est, le théâtre a été évacué. Les spectateurs ont regagné l'embarcadère. Le commandant de bord vient de me dire qu'il allait les rapatrier sur le continent avant que l'orage ne soit vraiment au-dessus de l'île et l'océan trop agité. Comment va William ? C'est son allergie, c'est ça ? Je savais qu'il fallait revérifier si les biscuits utilisés pour cette scène étaient bien sans arachide… *(Voyant le corps de William dans le fauteuil.)* Mais que s'est-il passé ?

MARIE-BERNADETTE. – Minou, c'est terrible… William est mort.

EDMOND, *stupéfait*. – Quoi ?! Mais ce n'est pas possible ! Vous n'avez pas trouvé son stylo injecteur à temps ?

JANINE. – Si ! C'est même moi qui lui a fait son injection ! C'est vous dire que si ça avait dû marcher, ça aurait été le cas !

EDMOND, *abasourdi*. – Alors il est… il est… mort…

L'orage gronde à nouveau. Edmond sursaute.

JOSIANE, *s'approchant du corps, qu'elle regarde sans émotion particulière*. – Oui, il est un peu mort là quand même on dirait…

VALÉRIE. – Josiane, un peu de respect, s'il te plaît !

JOSIANE. – Enfin, voyons ! Personne ne pouvait se l'enquiller ce type ! Et maintenant il faudrait venir larmoyer ? Moi, je ne sais pas jouer la comédie.

MARIE-BERNADETTE. – Ça ! À qui le dites-vous ! Quand on vous voit sur scène, on a plutôt l'impression de se trouver face à une poissonnière que face à une comédienne.

JOSIANE. – Remarquez qu'en vous regardant on a plutôt la sensation d'assister à une représentation de théâtre antique, sauf que l'antiquité ce n'est pas la pièce !

MARIE-BERNADETTE. – Poissarde !

JOSIANE. – Vieille pie !

EDMOND. – Mesdames, un peu de retenue tout de même !

JANINE. – Mais c'est pas vrai ça ! Vous n'allez pas la boucler ?

EDMOND. – Nous ferions mieux maintenant de réfléchir à ce que nous allons faire du corps alors que nous sommes vraisemblablement coincés sur l'île jusqu'à demain matin… *(Il se dirige vers le* *téléphone.)* Je vais appeler la police, c'est le mieux. Ils parviendront peut-être à nous envoyer quelqu'un depuis le continent malgré l'orage ?

Jacques entre, accompagné de Pierre.

JACQUES. – Bonsoir, messieurs-dames. Inspecteur Jacques Farland, de la police de Dax. Et voici le docteur Pierre Bernard, médecin. *(Edmond renonce à téléphoner.)* Nous avons pensé pouvoir éventuellement vous aider…

PIERRE. – Bonsoir. J'étais dans l'assistance avec mon ami l'inspecteur Farland lorsque M. Réal a fait son malaise. Puis-je lui venir en aide ?

JOSIANE. – C'est un peu tard apparemment. *(Elle désigne le corps de William.)*

JACQUES, *faisant signe au médecin de s'approcher du corps.* – Docteur…

PIERRE, *essayant de lui prendre le pouls.* – Il est mort…

JACQUES, *à tous ceux qui sont présents.* – Savez-vous ce qui a pu se passer ?

EDMOND. – William est… enfin était allergique aux arachides. Or, il a dû y avoir une erreur dans la préparation des biscuits utilisés pendant la scène de la pièce que vous avez vue. Normalement, nous vérifions bien l'absence d'arachides dans leur composition mais là…

JANINE. – C'est moi qui les a mis dans la boîte et je suis sûre d'avoir tout bien vérifié pourtant…

JACQUES. – Que s'est-il passé après sa sortie de scène ?

VALÉRIE. – William s'est précipité dans les coulisses et s'est mis à la recherche du stylo injecteur qu'il utilise quand il fait un malaise.

JACQUES. – Et il ne l'a pas trouvé ?

JANINE. – C'est moi qui l'a trouvé et qui a fait l'injection !

JACQUES. – Docteur, qu'en pensez-vous ?

PIERRE. – Selon toute vraisemblance, M. Réal a été victime d'un choc anaphylactique, c'est-à-dire d'une réaction allergique très violente. En cas de malaise, il faut alors injecter le plus rapidement possible une dose d'adrénaline à l'aide d'un stylo auto-injecteur spécialement prévu à cet effet.

JACQUES. – Ce que Madame dit avoir fait ?

PIERRE. – Il était malheureusement sans doute déjà trop tard.

JACQUES. – Bon, procédons par ordre. *(À l'assemblée.)* Auriez-vous un drap pour que nous puissions recouvrir le corps de M. Réal ?

Pendant la conversation qui va suivre, Pierre inspectera tout ce qui se trouve à proximité du corps de William et trouvera le stylo injecteur. Il sortira un mouchoir de sa poche, l'utilisera pour saisir le stylo injecteur, observera celui-ci et l'approchera de son nez pour le sentir.

JANINE. – Il doit y avoir des draps blancs dans la penderie. *(Elle se dirige vers celle-ci et en sort un grand drap blanc.)*

JOSIANE, *à Janine.* – Donnez, je vais vous aider.

Josiane et Janine disposent le drap blanc sur le corps de William.
Corinne entre.

CORINNE. – Ouh, j'ai pas pu venir plus tôt... Il fallait absolument que j'aille faire pipi ! Alors, il va mieux cet affreux Jojo ?

JACQUES. – Madame, nous n'avons pas été présentés. Je suis l'inspecteur Jacques Farland, de la police de Dax.

CORINNE. – La police ?

JACQUES. – Madame, je suis navré de vous apprendre que M. William Réal est mort des suites d'une violente réaction allergique provoquée, d'après les premières constatations, par l'ingestion d'arachide.

CORINNE. – Mort ? Mais… complètement ?

JOSIANE. – Ah oui ! La totalité de la bête !

MARIE-BERNADETTE. – Mais quelle sotte !

CORINNE, *se jetant dans le fauteuil où se trouve encore le corps de William couvert du drap*. – Mais où est-il ? Je veux le voir ! Je veux le voir ! Laissez-moi le voir, lui dire adieu ! *(Jouant très mal la comédie, elle feint de pleurer et se mouche dans le drap en saisissant en même temps la main de William.)*

JACQUES. – Il est… enfin vous êtes… dessus !

CORINNE. – Ah ! mon Dieu, quelle horreur ! *(Elle tourne de l'œil.)*

JANINE, *mettant une paire de gifles à Corinne*. – Allez, un peu de nerf, comédienne !

JOSIANE, *à part*. – C'est bien la première fois qu'elle doit être traitée de comédienne…

CORINNE, *se réveillant et se levant, horrifiée*. – Ah !!!

PIERRE, *à part, à l'inspecteur*. – Inspecteur, je viens de constater quelque chose d'étrange. *(Il montre la seringue à l'inspecteur.)* Voici le stylo injecteur qui a été utilisé pour tenter de traiter la réaction allergique dont a été victime M. Réal.

JACQUES. – Oui, et alors ?

PIERRE. – Eh bien, il s'agit d'un stylo injecteur ANAPEN dosé à 0,3 mg d'adrénaline, jusque-là rien de plus normal. Le problème c'est qu'il dégouline d'une substance grasse qui dégage une forte odeur d'arachide…

JACQUES. – Vous voulez dire que…

PIERRE. – … que l'adrénaline qu'aurait dû contenir le stylo injecteur a été remplacée par de l'arachide, substance à laquelle M. Réal était allergique.

JACQUES. – Ainsi, après le malaise provoqué par l'huile d'arachide contenue dans le gâteau ingéré sur scène, M. Réal a cherché à s'injecter son traitement d'urgence, qui avait lui-même été remplacé par de l'arachide, ce qui a achevé de le tuer ? Mais alors, nous ne sommes plus du tout face à un simple accident mais… face à un meurtre ?

PIERRE. – C'est exactement ça !

JACQUES. – Bien. Nous devons tirer cette histoire au clair au plus vite. Vous voulez bien courir jusqu'au bac et demander au commandant de bord de remettre cette seringue à la police de Mimizan dès son arrivée au port pour qu'elle soit analysée ? Je vais de mon côté prévenir les collègues sur le continent.

PIERRE. – Très bien.

Pierre sort, emportant la seringue.
Jacques s'approche du téléphone et appelle ses collègues sur
le continent.

JACQUES. – Allô ! Denis ?… C'est Jacques… Jacques Farland. C'est toi qui es de garde au laboratoire cette nuit ?… Allô ! Denis ?… Denis ?… Oui, moi aussi je t'entends très mal… Ce doit être l'orage… Je disais : ce doit être l'orage… *(Parlant plus fort.)* Dis-moi, je vais te faire parvenir une seringue… Je voudrais que tu en analyses le contenu en urgence et que tu me communiques les résultats le plus vite possible. Je me trouve actuellement au théâtre de l'île du

Fauconnier, c'est ici que tu pourras me joindre. Et si… Denis ?
Denis ?… Ça a coupé… *(Il essaie en vain de retrouver une tonalité.
Il abandonne et raccroche.)* On dirait bien que le téléphone ne
marche plus…

EDMOND, *sortant un téléphone portable de sa poche.* – En effet,
les portables ne fonctionnent plus non plus…Dites-moi, inspecteur,
pardonnez mon indiscrétion mais j'ai entendu votre conversation téléphonique. Pourquoi demander l'analyse de la seringue de William ?
Ce qui est arrivé est un accident dû à une négligence… Un accident
tragique certes, mais un accident tout de même…

JACQUES. – J'ai bien peur que non, M. Gaillot. Le fait que le
biscuit que M. Réal devait manger sur scène pendant la pièce contienne
de l'huile d'arachide pouvait à la rigueur passer pour une simple
négligence. Le problème c'est que le stylo injecteur qui aurait dû
contenir de l'adrénaline avait vu son contenu remplacé par une dose
d'arachide. L'injection, au lieu de lui sauver la vie, a donc porté le
coup fatal à M. Réal.

Pierre entre, essoufflé.

PIERRE. – Mission accomplie ! J'ai juste eu le temps de remettre
la seringue au commandant du bateau avant qu'il ne parte.

JACQUES. – Merci docteur.

MARIE-BERNADETTE. – Vous voulez dire, inspecteur, que
William…

JACQUES. – … a été assassiné, oui.

L'orage gronde.

MARIE-BERNADETTE, *horrifiée.* – Mon Dieu, quelle horreur !

*Tous, sauf Josiane, jouent la comédie des pleurs. Marie-
Bernadette s'approche du corps et, d'un air solennel, chante
un « Pater Noster ».*

JANINE, *poussant Marie-Bernadette.* – Non, mais vous manquez pas de culot de venir faire votre pleureuse devant ce pauvre M. William !

MARIE-BERNADETTE. – Janine, vous n'avez pas le droit !

JANINE. – Eh ben, je prends le gauche ! Il y a moins d'une heure, vous disiez que vous vouliez lui faire boire le bouillon de onze heures à ce pauvre M. William… D'ailleurs, y en a pas un qui l'aimait ici. *(Les désignant tous.)* C'est pour ça qu'il vous appréciait pas non plus…

CORINNE. – Ah ! parce que, vous, il vous appréciait davantage ?

JANINE. – Parfaitement ! Même qu'hier il m'a encore dit : « Janine, quand je vous écoute parler, j'ai à chaque fois une idée de ce que peut être l'infini… »

EDMOND, *amusé.* – Et êtes-vous certaine qu'il s'agissait bien d'un compliment ?

JANINE. – Ben pourquoi que ça en serait pas un ?

EDMOND. – Réfléchissez, Janine. De quel infini parlait-il ?

JANINE. – Ben de celui de mon intelligence, pardi !

JOSIANE. – C'est sûr, c'est de celui-ci dont il devait parler…

JACQUES. – Bon, ça suffit ! Un peu de calme, voyons ! Nous allons devoir commencer par évacuer le corps. Avez-vous un endroit où nous pourrions le mettre ?

JOSIANE. – Oui, les frigos des cuisines !

JACQUES. – Parfait. Docteur, vous voulez bien aider Madame à transporter le corps de M. Réal ?

PIERRE. – Bien sûr.

JACQUES. – Madame, ça va aller ?

JOSIANE. – Pensez ! J'ai travaillé dans la boucherie d'une grande surface pendant près d'un an avant d'être comédienne, alors la viande avariée ça me connaît !

MARIE-BERNADETTE. – Enfin, Josiane, un peu de tenue ! Cette situation est effroyable !… Même s'il était insupportable, j'ai tout de même beaucoup de mal à croire que quelqu'un ait pu tuer William.

JACQUES. – Pourtant, il s'agit bien d'un meurtre. Et d'un meurtre commis par quelqu'un qui le connaissait bien et qui disposait de toute la liberté nécessaire pour mettre en place son piège mortel.

EDMOND. – Vous voulez dire que…

JACQUES. – … que le meurtrier était libre de ses mouvements sur scène et en coulisses et avait ainsi accès à tout ce qui lui était nécessaire…

EDMOND. – Mais ça veut dire que…

JACQUES. – … que l'assassin est l'un de vous, oui. Et que nous allons devoir nous débrouiller seuls pour le démasquer, car l'orage a rompu la liaison téléphonique avec le continent. Nous sommes donc coupés du reste du monde…

L'orage gronde plus fort encore.

RIDEAU

ACTE II

Scène 1

Fabienne, Janine, Marie-Bernadette, Valérie,
Edmond, Corinne, Jacques, Josiane, Pierre

Lorsque le rideau s'ouvre, le corps de William a été transporté extérieur-scène, Josiane et Pierre sont donc absents puisqu'ils ont été chargés de déplacer le corps à la fin du premier acte.

Jacques. – J'ose espérer que vous avez bien conscience de la gravité de la situation. Un homme est mort et il a été assassiné par l'un d'entre vous.

Edmond. – Je ne peux pas croire que l'un d'entre nous ait pu tuer William. Mais personne ici n'avait quoi que ce soit à y gagner…

Jacques. – C'est en effet la première question qu'il faut se poser : à qui profite le crime ?

Janine. – Ah ça ! Je le savais, moi, que c'était la première question qu'il fallait se poser ! Il faut toujours se demander à qui profite le crime. C'est que j'en lis, moi, des romans policiers de Mary Higgins Clark… *(Prononcer à la française : « ijinse ».)*… d'Agatha Christie… *(Prononcer à la française : « christi ».)*… et de tous leurs collègues !

41

JACQUES. – Oui, merci pour votre intervention, madame… ?

JANINE. – Pernel, Janine Pernel. Mais appelez-moi Janine !

Josiane et Pierre sont de retour.

JACQUES. – C'est ça, Janine… Donc à qui profite ce crime ? À vous peut-être, monsieur Gaillot, justement ?

EDMOND. – À moi ? Mais je me demande bien en quoi !

JACQUES. – Ça c'est à moi de le découvrir.

PIERRE. – Inspecteur, M. Réal est au frais.

JOSIANE. – Oui, ça devrait lui rafraîchir les idées !

JACQUES, *à Josiane.* – Et vous, madame Tosca, vous ne semblez pas particulièrement émue par la disparition de M. Réal.

JOSIANE. – Non, mais ça ne signifie pas pour autant que c'est moi qui l'ai tué. Enfin, je trouve en tout cas qu'il y en a un ou une parmi nous qui a eu là une sacrée bonne idée !

MARIE-BERNADETTE, *outrée.* – Josiane !

JOSIANE. – Oh ! arrêtez de prendre votre air de tourterelle effarouchée ! Vous avez menacé de tuer William je ne sais combien de fois… Et la dernière il y a à peine deux heures.

JACQUES. – C'est intéressant ça, madame Léra du Serpolet. Si vous avez menacé William Réal, c'est donc que vous aviez un mobile…

Marie-Bernadette, offusquée et inquiète, se drape dans sa dignité.

FABIENNE. – En tout cas, moi, il m'agaçait mais je n'avais aucune haine particulière contre lui. Je le trouvais simplement épuisant…

VALÉRIE. – Toi, de toute façon, tu es toujours épuisée ! Enfin, il n'empêche qu'hier soir tu m'as tout de même dit toi aussi qu'il te donnait des envies de meurtre.

JACQUES. – Inutile de chercher à vous accuser les uns les autres. En creusant un peu, je suis certain que vous pouviez tous avoir un mobile valable pour tuer M. Réal.

CORINNE. – Ah ! ben, pas moi ! D'ailleurs, j'étais même pas là quand Janine lui a fait la piqûre qui l'a tué.

JACQUES. – Ça ne veut rien dire, mademoiselle Boba, rien dire du tout…

JANINE. – Tu vas voir que ça va bien être de ma faute maintenant !

JACQUES. – Je ne crois pas trop à la culpabilité de Janine. *(Janine est rassurée.)* Pourquoi se serait-elle chargée de cette injection si elle avait su qu'elle allait être mortelle ? Non, si c'était elle la meurtrière, elle aurait laissé quelqu'un d'autre risquer de porter le chapeau. Et puis il faut une intelligence redoutable pour échafauder un plan pareil…

JANINE, *comprenant la fin de la remarque de l'inspecteur.* – C'est-à-dire ?

JACQUES. – C'est-à-dire que je ne vous imagine pas capable… *(Réalisant la maladresse de sa remarque.)*… d'une telle cruauté…

JANINE. – Ah ! je préfère ça !

JACQUES. – Bien, je souhaiterais vous interroger séparément les uns des autres.

EDMOND. – Mais que voulez-vous que nous vous disions de plus que ce que nous vous avons déjà dit, bon sang ?

JACQUES. – Inutile de monter sur vos grands chevaux, monsieur Gaillot ! Ça ne m'impressionne pas. J'ai dit que je voulais vous entendre séparément, il faudra vous plier à cette décision. D'ailleurs, en quoi ces interrogatoires individuels pourraient vous gêner ? À moins que vous n'ayez quelque chose à cacher ?

EDMOND. – Moi ? Absolument pas…

JACQUES. – Mais avant ça je voudrais faire une visite complète des coulisses afin de mieux comprendre comment les choses ont pu se dérouler et vous allez m'accompagner. *(Il ouvre la porte et fait signe aux autres de le suivre.)* Je vous précède…

Tous sortent sauf Janine.

SCÈNE 2

JANINE

Janine referme discrètement la porte après le départ de tous les autres et reste seule.

JANINE, *se parlant à elle-même*. – Si on m'avait dit ce matin que j'allais enquêter sur un meurtre ce soir, j'y aurais jamais cru ! Non, parce que faut voir les choses en farce, ce jeune inspecteur il est bien gentil, mais il est vraiment jeune, il manque d'expérience… Alors si la Janine elle s'en occupe pas, ils sont pas près de le retrouver leur coupable ! *(Elle s'assoit à la table de maquillage.)* Et si j'me prenais des p'tites vitamines de Mme Valérie, ça me donnerait du courage pour mon enquête ? *(Elle ouvre le tiroir et en sort une boîte sur laquelle est collé un papier. Elle le lit.)* « Merci de ne pas toucher à mes vitamines. Valérie. » *(Elle en fait fi et ouvre la boîte.)* Si j'en prends pas beaucoup, elle s'en rendra pas compte.

Elle prend une pilule puis deux. On entend du bruit à l'extérieur. Janine s'affole, cherche où se cacher et finit par s'enfermer dans la penderie.

Scène 3

CORINNE, JANINE, JACQUES

Corinne entre discrètement.

CORINNE, *se parlant à elle-même.* – Hors de question que je me tape le tour du théâtre avec toute la bande ! *(Heureuse.)* Il est mort ! Tout ce qu'il y a de plus mort !

Elle allume un lecteur de musique : commence alors une chanson moderne et entraînante. Corinne s'assoit à la table de maquillage, se met du rouge à lèvres et se poudre le visage. Janine ouvre alors la porte de la penderie et regarde la scène, médusée. Corinne ne la voit pas, se lève et se met à danser de façon ridicule. L'inspecteur ouvre alors la porte. Il est accompagné d'Edmond. Janine les aperçoit et se dissimule à nouveau très rapidement dans la penderie, mais eux ne la voient pas. Corinne ne se rend compte de la présence de l'inspecteur et d'Edmond qu'au bout de quelques secondes et se précipite alors sur le lecteur pour l'éteindre.

Scène 4

Jacques. – Mademoiselle Boba ! Vous semblez vous être assez vite remise de la disparition de M. Réal !

Corinne, *faisant mine de pleurer*. – C'est que… Justement j'étais trop triste alors je cherchais à oublier…

Edmond signifie son mécontentement à Corinne par des gestes dans le dos de l'inspecteur.

Jacques. – Nous verrons ça un peu plus tard lorsque je vous interrogerai. Vous voulez bien aller attendre avec les autres comédiens, qui se trouvent actuellement sur scène sous la surveillance du docteur Bernard ? Je vous appellerai quand ce sera votre tour.

Corinne, *à l'inspecteur*. – J'y vais. *(À Edmond.)* À tout à l'heure mon ché… *(Se reprenant.)*… cher metteur en scène…

Corinne sort.

Jacques. – Je vous en prie, asseyez-vous, monsieur Gaillot. *(Edmond s'assoit dans le fauteuil, l'inspecteur reste debout.)* Nous nous sommes déjà rencontrés quelque part, non ?

Edmond. – Je ne crois pas…

Jacques. – Votre visage me semble pourtant familier, mais je dois vous confondre avec quelqu'un d'autre…

Edmond. – Sans doute…

Janine éternue bruyamment dans la penderie.

Jacques, *à Edmond*. – Comment ?

Edmond. – Non, je disais « sans doute ».

JACQUES. – Oui, mais ensuite ? Qu'avez-vous dit ensuite ?

EDMOND. – Rien.

JACQUES. – Ah bon ! J'ai pourtant cru… Bon, tant pis. Monsieur Gaillot, depuis quand connaissiez-vous M. Réal ? *(Janine éternue à nouveau bruyamment.)* Vous dites ?

EDMOND. – Rien, je vous écoute…

JACQUES. – Je vous demandais donc depuis combien de temps… *(Janine éternue bruyamment deux fois consécutives. L'inspecteur comprend que quelqu'un se trouve dans la penderie et l'ouvre.)* J'aurais dû m'en douter !

JANINE, *sous l'effet des amphétamines qu'elle a prises un peu plus tôt.* – Ce qu'il peut y avoir comme poussière là-dedans ! *(Elle se mouche.)* C'était pas la peine d'ouvrir la porte, j'entendais drôlement bien comme ça !

JACQUES. – Janine, sortez de là ! *(Janine sort et paraît ivre.)* Mais vous avez bu ?

JANINE. – Moi ? J'bois jamais ! J'ai juste pris des p'tites vitamines dans la boîte de Mme Valérie, dans son tiroir, là ! *(Elle désigne le tiroir de la table de maquillage.)* Ça m'a donné un de ces tonus !

Jacques ouvre le tiroir, saisit la boîte et lit ce qui est écrit dessus.

JACQUES, *dubitatif.* – Des vitamines, dites-vous ? *(Une pause.)* Monsieur Gaillot, allez me chercher Pierre, s'il vous plaît !

EDMOND. – J'y vais.

Edmond sort.

JANINE, *à l'inspecteur, qui prend un air circonspect pour regarder Janine.* – Ça vous va bien, l'air sérieux ! Y a que ces deux p'tites bestioles posées sur votre tête qui vous vont pas bien.

JACQUES, *ne comprenant pas.* – Ces deux p'tites bestioles ?

JANINE. – Oui, les deux chauves-souris qui sont posées juste au-dessus de votre front !

JACQUES. – Janine, venez vous asseoir. *(Il la conduit jusqu'au fauteuil.)*

Edmond entre, suivi du médecin.

PIERRE. – Que se passe-t-il ?

JACQUES. – Janine semble dans un état étrange… De plus, elle a apparemment des hallucinations. Or, elle a pris ces « vitamines » qui appartiendraient à Mme Piallat. *(Il tend la boîte à Pierre.)* Pouvez-vous me dire de quoi il s'agit exactement ?

PIERRE, *prenant la boîte et lisant ce qui est écrit au dos.* – « Amfépramone ». En fait de vitamines, il s'agit d'amphétamines. Vous m'étonnez qu'elle ait des hallucinations !

JACQUES. – Et on peut faire quelque chose ?

PIERRE. – On peut toujours essayer de la rafraîchir un peu… Vous voulez bien me suivre, Janine ? On va aller à la salle de bains tous les deux, histoire de vous donner un petit coup de frais.

Janine et Pierre se dirigent vers la salle de bains.

JANINE. – C'est vrai qu'il fait chaud ici ! *(Soudainement, en regardant Pierre.)* Oh ! docteur ! J'avais pas vu ça tout à l'heure…

PIERRE. – Quoi donc, Janine ?

JANINE. – Le troisième œil que vous avez au milieu du front… Ça doit être drôlement pratique…

PIERRE. – Oui, la nuit je préfère en avoir un troisième, j'y vois plus clair… Allez, venez avec moi… Tout va bien se passer…

JACQUES. – Bien, reprenons où nous en étions, monsieur Gaillot. Depuis quand connaissiez-vous William Réal ?

EDMOND. – Depuis peu de temps en réalité, disons un an à peu près. Nous nous étions rencontrés au cours d'un dîner organisé par un ami commun.

JACQUES. – Et qu'est-ce qui vous a amené à lui proposer un rôle dans votre pièce ?

EDMOND. – William jouait alors à Paris dans un théâtre qui était loin de faire salle comble tous les soirs. J'ai donc pensé que mon projet pouvait l'intéresser.

JACQUES. – Et il a accepté facilement ?

EDMOND. – Oh ! bien sûr j'ai dû flatter son ego en lui donnant l'impression que sa participation m'était indispensable mais il me fallait une tête d'affiche et, en dépit de son sale caractère, William était très réputé dans le milieu.

JACQUES. – Lui connaissiez-vous des ennemis ?

EDMOND. Je ne lui connaissais plus exactement aucun ami…

JACQUES. – Même pas vous ? Quelles étaient vos relations avec lui ?

EDMOND. – Purement professionnelles. Je n'avais aucune inimitié pour lui mais aucune amitié particulière non plus.

JACQUES. – Quand êtes-vous tous arrivés sur l'île du Fauconnier ?

EDMOND. – Eh bien, Marie-Bernadette, Corinne et moi sommes arrivés il y a un peu plus de deux semaines.

JACQUES. – Et les autres ?

EDMOND. – Il y a une semaine et c'est là que nous avons commencé les répétitions intensives sur place.

JACQUES. – Comment se fait-il que Mlle Boba soit arrivée ici en même temps que Mme Léra du Serpolet et vous ?

EDMOND. – Eh bien, Corinne venait de Saint-Jean-de-Luz, comme Marie-Bernadette et moi. Alors nous avions décidé de faire le trajet jusqu'ici ensemble dans la même voiture.

JACQUES. – Vous séjourniez à Saint-Jean-de-Luz avec votre compagne et l'une de vos actrices ?

EDMOND. – Pas du tout… Simplement, Marie-Bernadette et moi avions pris quelques jours de congé à Sain-Jean-de-Luz pour nous reposer du tumulte de la vie parisienne. Et nous avons rencontré là-bas Corinne qui, par le plus grand des hasards, y passait elle aussi quelques jours.

JACQUES, *ironique*. – Par le plus grand des hasards, évidemment…

EDMOND. – Oui, alors nous lui avons proposé de faire la route jusqu'à Mimizan ensemble, voilà tout…

JACQUES. – Bien. Qui était responsable de la préparation des biscuits utilisés sur scène par M. Réal ?

EDMOND. – Janine. C'est elle qui a la charge de l'intendance au sein de ce théâtre.

JACQUES. – Et vous avez confiance en elle ?

EDMOND. – En Janine ? Je réponds d'elle sans aucune hésitation, inspecteur !

JACQUES. – Une dernière question… La mallette qui se trouvait dans le bureau que j'ai inspecté tout à l'heure vous appartient bien ?

EDMOND, *sur la défensive.* – Oui, mais je ne vois pas en quoi…

JACQUES, *l'interrompant.* – Très bien. Je crois que ce sera tout, monsieur Gaillot. Je vais vous laisser rejoindre les autres. J'aurai peut-être encore quelques questions à vous poser dans un moment. *(Edmond sort à cour. Jacques ouvre la porte à jardin.)* Alors, Janine, ça va mieux ?

> *Janine entre, accompagnée de Pierre. Elle rit niaisement, visiblement encore sous l'effet des amphétamines.*

JANINE. – Ah oui ! Alors, j'ai une pêche ! *(Regardant l'inspecteur.)* C'est marrant, vos deux chauves-souris sont parties !

JACQUES, *soulagé.* – Ah ! vous vous sentez donc mieux ?

JANINE. – Ce doit être les rats qui leur ont fait peur…

JACQUES. – Les rats ?

JANINE. – Oui, les p'tits rats qui sautent sur vos épaules !

JACQUES. – Janine, il n'y a aucun rat sur mes épaules.

JANINE. – Docteur, vous devez sûrement les voir, vous, avec votre troisième œil ?

PIERRE, *à Jacques.* – Je suis navré, je ne peux pas faire mieux…

JACQUES, *désignant Janine.* – Bon, docteur, dégagez-moi ça !

> *Janine sort à jardin avec Pierre.*

JANINE. – À plus tard ! *(Elle envoie des baisers à l'inspecteur.)*

Scène 5

Jacques, Josiane, Janine

JACQUES, *s'approchant de la porte à cour et appelant Josiane.* – Madame Tosca, s'il vous plaît !

Josiane entre.

JOSIANE. – Il suffit de demander ! Prête à répondre à toutes vos questions, inspecteur !

JACQUES. – Je vous en prie, madame Tosca, installez-vous. *(Il désigne le fauteuil. Josiane s'y assoit.)* Quelles étaient vos relations avec William Réal ?

JOSIANE. – J'peux pas vous dire que le bonhomme me bottait vraiment mais de là à le dessouder…

JACQUES. – Soit… Aviez-vous déjà travaillé avec lui auparavant ?

JOSIANE. – Avec William ? Non, jamais.

JACQUES, *s'approchant de la porte à cour.* – Excusez-moi une seconde… Une petite chose à vérifier. *(Il ouvre la porte. Janine se trouve derrière, l'oreille collée.)* Et ça recommence !

JANINE. – J'vous ai déjà dit que j'entendais très bien derrière les portes ! C'est pas la peine de les ouvrir, c'est une question d'expérience. *(Elle rit niaisement, toujours sous l'effet des amphétamines.)*

JACQUES. – Bon, Janine, vous filez dans cette salle de bains, vous vous rafraîchissez les idées et cette fois vous ne lésinez pas sur la quantité d'eau ! *(Il la traîne jusqu'à la salle de bains et lui en ouvre la porte. Janine sort.)* Et vous ne revenez que lorsque vous avez les idées claires. *(À Josiane.)* Bon, où en étions-nous ? Ah oui ! Vous me disiez que c'était la première fois que vous travailliez avec M. Réal.

JOSIANE. – Oui, c'est ça. J'ai fait sa connaissance il y a quelques mois seulement, lorsqu'on a commencé à préparer la pièce que venait d'écrire Edmond.

JACQUES. – Et Edmond Gaillot ? Comment l'avez-vous rencontré ?

JOSIANE. – Mon mari est propriétaire d'un théâtre à Paris. Alors dans le milieu, vous savez, tout le monde se connaît plus ou moins.

JACQUES. – Mais dites-moi, votre mari n'est pas trop jaloux de vous voir jouer dans le théâtre de l'un de ses concurrents ?

JOSIANE. – Non, pas du tout. Je garde toute ma liberté et il y a de la place pour tout le monde dans le théâtre…

JACQUES. – Connaissez-vous quelqu'un qui aurait pu en vouloir à M. Réal au point de le tuer ?

JOSIANE. – Il suffit de prendre la liste de tous ceux qui le détestaient ! Et ça représente un bon bouquin… Pour la liste de ceux qui l'appréciaient, ça doit pouvoir tenir sur un post-it, par contre… et encore, pas grand le post-it…

JACQUES. – Revenons-en à vous, madame. Qu'avez-vous fait ces dernières heures ? Étiez-vous ici, sur l'île ?

JOSIANE. – Je ne suis pas retournée sur le continent depuis hier. J'y étais allée pour faire quelques courses. Mais aujourd'hui, je n'ai pas bougé du théâtre.

JACQUES. – Vous auriez donc pu avoir tout le loisir de mettre en place les biscuits et changer le liquide que contenait la seringue de M. Réal ?

JOSIANE. – Dans ce cas, je ne suis pas la seule puisque nous avons tous passé la journée ici.

JACQUES. – Mais vous n'êtes pas tous allés hier sur le continent pour faire quelques courses.

JOSIANE. – Qu'est-ce que vous insinuez ?

JACQUES. – Tout simplement que vous auriez pu aller chercher hier tout ce dont vous aviez besoin pour commettre le crime et revenir tranquillement ici pour tout mettre en place.

JOSIANE. – C'est ça ! Et j'aurais bien pris la peine de vous signaler que j'étais allée faire quelques courses !

JACQUES. – Ce serait justement assez rusé de m'en parler comme si de rien n'était… Avouez tout de même que votre petite escapade sur le continent hier est une drôle de coïncidence.

JOSIANE. – Écoutez, j'avoue que je peux parfois manquer de délicatesse mais de là à tuer quelqu'un, il faut peut-être pas pousser la mémé dans les orties…

Janine entre brusquement.

JANINE. – Cette fois, ça va mieux ! *(Elle scrute Jacques et confirme.)* Ça va vraiment mieux !

JACQUES. – Madame Tosca, je vous remercie pour vos réponses. Vous voulez bien rejoindre les autres ? Je ferai peut-être à nouveau appel à vous en cas de besoin.

Josiane sort.

JANINE, JACQUES

JANINE. – Elles sont drôlement fortes les vitamines de Mme Valérie ! M'enfin là je sens bien que j'ai retrouvé toutes mes capacités…

JACQUES. – Justement, Janine, je vais avoir besoin de votre aide. Jusqu'à maintenant, les premiers éléments ne m'ont pas révélé grand-chose… *(Flatteur.)* Alors, je me suis dit que si nous faisions équipe ce serait peut-être plus efficace… *(À part.)* Et puis comme visiblement je n'arriverai pas à me débarrasser de vous, autant faire avec…

JANINE, *lui adressant un clin d'œil*. – J'avais bien compris que vous y arriveriez pas tout seul… Et j'allais justement vous proposer mon aide. Je suis prête ! Qu'est-ce que vous voulez que je fasse ?

JACQUES. – Ce que vous savez faire de mieux : me dire tout ce que vous savez sur les membres de la troupe.

JANINE. – Ah oui ! Mais alors je vous dirai que le strict nécessaire pour résoudre le meurtre. Non, parce que moi, je refuse de m'immiscer dans la vie privée des gens…

JACQUES. – Mais je vous promets que tout ce que vous allez me dire restera entre nous !

JANINE. – Ça changera rien ! Vous pouvez compter sur moi pour vous aider mais y a des choses que j'ai promis de pas dire alors j'vous en parlerai pas. Non, mais vous imaginez si j'me mettais à vous raconter… je sais pas, moi… par exemple que Corinne est la maîtresse de M. Edmond ? Où on irait ?

JACQUES. – Ah! parce que Corinne et Edmond…

JANINE. – Oui, bien sûr, mais n'insistez pas puisque j'vous dis que j'vous en parlerai pas!

JACQUES, *faussement sérieux*. – Et je le respecte! Dites-moi, ça dure depuis longtemps tous les deux?

JANINE. – Qui ça? Corinne et M. Gaillot? J'pense bien, oui! Ça avait commencé bien avant qu'ils arrivent tous ici! C'est pour ça que, par respect pour Mme Léra du Serpolet, j'préfère garder ça pour moi…

JACQUES. – Et c'est tout à votre honneur, ma chère Janine!

JANINE. – C'est comme Mme Fabienne et M. William!

JACQUES. – Ah! parce qu'eux aussi…

JANINE. – Eux? Non, plus maintenant! Mais y a quelques années, ils ont fricoté…

JACQUES, *incrédule*. – Et comment le savez-vous?

JANINE. – Tout simplement parce qu'à l'époque j'allais souvent avec ma sœur Annette au théâtre à Paris. Et on avait vu une pièce avec M. Réal et Mme Cansade. Eh ben, à la fin de cette pièce, ils s'étaient présentés comme étant en couple…

JACQUES. – Et vous êtes certaine de cette information?

JANINE. – Puisque j'vous le dis! Même que quand la pièce se terminait, M. William offrait un bouquet de fleurs à Mme Fabienne!

JACQUES. – Mais ça ne veut rien dire, ça!

JANINE. – Le bouquet, non, ça veut rien dire. D'autant qu'il paraîtrait à ce qu'il paraît que c'était Mme Cansade qui se les achetait elle-même les fleurs et qu'elle se les faisait offrir par M. Réal à la fin de chaque représentation en prenant un air étonné !

JACQUES. – Vous voyez bien que ça ne signifie rien !

JANINE. – Pour le bouquet, j'suis d'accord j'vous dis. Mais après, M. Réal et Mme Cansade s'embrassaient et c'était pas un baiser de cinéma, j'peux vous l'dire !

JACQUES, *intéressé*. – Vous m'en direz tant…

JANINE. – Oui, parce que ma sœur, Annette, elle avait visité les studios de cinéma où jouaient Grace Kelly et Clark Gable… *(Prononcer à la française : « gable ».)*… et elle avait vu faire les baisers de cinéma. Alors, comme elle m'avait dit à l'époque, ces deux-là c'est pas du chiqué !

JACQUES. – Bon, merci Janine pour ces détails fort intéressants…

JANINE. – En attendant, c'est comme ça que j'suis au courant pour M. William et Mme Fabienne ! Enfin, bien sûr, là encore, la Janine elle se… *(Faisant signe qu'elle garde le silence.)*

JACQUES. – Dites-moi, Janine, puisque vous en savez autant sur chacun des suspects, accepteriez-vous de me prêter main forte ?

JANINE. – J'vous l'ai déjà dit : vous pouvez compter sur moi ! *(Grandiloquente.)* Quelle est ma mission ?

JACQUES. – Si vous pouviez retourner dans la penderie, ça me rendrait service.

JANINE, *déçue*. – C'est tout ?

JACQUES. – Non, attendez un peu ! Pendant que j'interrogerai les prochains suspects, je vous demande juste d'écouter avec la plus grande attention ce qu'ils vont me répondre. S'ils me disent la vérité, vous frappez un coup à la porte ; et s'ils mentent, deux coups.

JANINE, *récitant*. – S'ils disent la vérité un coup et s'ils mentent deux coups.

JACQUES, *la conduisant à la penderie où il l'enferme*. – C'est ça ! Je compte sur vous…

SCÈNE 7

JACQUES, CORINNE, JANINE

L'inspecteur ouvre la porte à cour, sort et revient aussitôt avec Corinne.

JACQUES. – Mademoiselle Boba, prenez place. *(Il lui désigne le fauteuil.)* Vous n'avez toujours pas remis la main sur votre pièce d'identité, que je vous réclamais tout à l'heure ?

CORINNE. – Non, et je ne sais pas tellement ce que je peux vous dire de plus que ce que vous savez déjà, inspecteur…

JACQUES. – Commençons par le commencement, si vous le voulez bien. J'aimerais que nous fassions plus ample connaissance, mademoiselle.

CORINNE, *enchaînant rapidement*. – Ah ! d'accord ! Donc, je m'appelle Corinne Boba… *(Janine frappe un coup.)*… et, comme mon nom l'indique, j'ai vingt-cinq ans… et quinze mois. *(Janine frappe un coup.)* Je suis née à…

JACQUES, *l'interrompant*. – Quand je disais « depuis le commencement », mademoiselle, il s'agissait du commencement de l'histoire qui nous préoccupe.

CORINNE, *niaisement*. – Parce que vous êtes préoccupé, inspecteur ?

JACQUES. – Quand je dis « l'histoire qui nous préoccupe », je parle évidemment du meurtre de M. Réal.

CORINNE, *comprenant soudain*. – Ah !

JACQUES. – Quoi que vous m'ayez affirmé tout à l'heure, vous ne sembliez pas très affectée par sa mort.

CORINNE. – Je vous l'ai dit : la musique c'était pour oublier ma tristesse. Et puis, moi, le théâtre, c'est pas trop mon truc, c'est Edmond… enfin, M. Gaillot, qui veut que j'en fasse. Moi ce qui me plaît c'est plutôt la musique.

JACQUES. – Oui, c'est vrai que je vous vois plutôt dans le genre… *(Chantant.)* « Allumer le feu, allumer le feu et voir grandir la flamme dans vos yeux… »

CORINNE. – J'peux pas vous dire, j'connais pas trop les paroles de « La Marseillaise »…

JACQUES. – Bon, revenons à des faits précis. Je crois savoir que vous entretenez avec Edmond Gaillot une relation de très grande proximité ?

Janine frappe un coup. L'Inspecteur lève les yeux au ciel et frappe lui aussi un coup sur la porte de la penderie.

CORINNE. – Je ne vois pas du tout ce que vous voulez dire.

JACQUES. – Allons, mademoiselle, ne niez pas !

CORINNE. – Non, mais je ne vois vraiment pas ce que vous voulez dire… En fait, j'ai pas compris la question… *(Elle rit niaisement.)*

Janine frappe un coup.

JACQUES. – Je veux dire que M. Gaillot et vous êtes amants !

CORINNE. – Edmond et moi ? *(Reprenant le ton de la comédienne jouant très mal.)* Qui vous a raconté ce mensonge ?

Janine frappe deux coups.

JACQUES. – Je n'affirme pas ça au hasard, mademoiselle Boba ! J'ai des preuves et des témoins !

Janine frappe un coup. L'inspecteur s'agace.

CORINNE. – C'est pas possible, on a toujours été très discrets Edmond et moi !

JACQUES. – Mademoiselle Boba, vous vous rendez compte qu'indirectement vous venez d'avouer ?

CORINNE. – Mais avouez quoi puisque j'vous ai dit que justement Edmond et moi on était toujours restés très discrets ? Personne ne nous a jamais suivis, ça j'en suis sûre ! Même que quand on allait à l'hôtel, on faisait attention qu'aucune voiture ne nous suive et que je portais des lunettes noires, comme Jackie Kennedy…

JACQUES. – À l'hôtel ?! Encore mieux, mademoiselle !

CORINNE, *fondant en larmes.* – J'ai dit une bêtise, c'est ça ? Oui, c'est vrai… Mais Edmond m'avait demandé de ne rien dire…

JACQUES. – Et depuis quand votre liaison dure-t-elle ?

CORINNE, *en pleurant.* – Un an…

Janine frappe deux coups.

JACQUES. – Ce n'est pas ce que m'ont dit mes sources.

CORINNE, *s'arrêtant soudainement de pleurer, montrant ainsi qu'elle jouait mal la comédie.* – Bon, d'accord, deux !

Janine frappe un coup.

JACQUES. – Saviez-vous que M. Réal était allergique aux arachides ?

CORINNE. – Tout le monde le savait. Il en parlait assez souvent !

JACQUES. – Et qu'avez-vous fait aujourd'hui ?

CORINNE. – J'ai répété toute la journée. Même que William n'a pas arrêté de me reprendre en me disant que je jouais mal. *(Elle pleure encore.)*

JACQUES. – C'est lui qui vous faisait répéter ?

CORINNE. – Fabienne et lui, oui.

JACQUES. – Vous êtes restée très près de lui toute la journée et vous auriez donc pu avoir l'occasion d'intervertir les biscuits et de remplacer l'adrénaline de la seringue de M. Réal par de l'arachide.

CORINNE, *pleurant.* – Mais j'pouvais pas faire ça !

JACQUES. – Tiens donc ! Et pourquoi n'auriez-vous pas pu ?

CORINNE, *pleurant encore plus fort.* – Parce que j'ai toujours pas compris l'histoire de la seringue…

JANINE, *ouvrant la porte de la penderie et sortant brusquement.* – Il fait une chaleur là-dedans ! Il me faut un peu d'air !

CORINNE, *en colère.* – Mais elle écoutait tout depuis le début ?!

JACQUES, *à Janine.* – Janine !… *(À Corinne.)* Mademoiselle, je vous demanderais de bien vouloir nous laisser, s'il vous plaît. Nous terminerons cet interrogatoire un peu plus tard.

CORINNE, *en sortant.* – En tout cas, ça ne se passera pas comme ça ! Je connais mes droits d'auteur !

JACQUES. – Vos droits de…

CORINNE. – Oui, mes droits d'auteur… Je vous ai dit des choses, alors j'ai forcément des droits d'auteur, non ?

JACQUES. – Bien, mademoiselle Boba. En attendant de faire valoir vos droits… d'auteur, vous voulez bien aller attendre sur scène que je vous appelle ?

Corinne sort.

SCÈNE 8

JACQUES. – Janine, retournez à l'intérieur de cette penderie et n'en sortez sous aucun prétexte pendant les interrogatoires. Je vais aller chercher Mme Léra du Serpolet.

JANINE, *au garde-à-vous.* – À vos ordres, chef !

Janine entre à nouveau dans la penderie, en suivant le pas militaire imposé par l'inspecteur.

JACQUES. – Allez : un, deux, un, deux… (*L'inspecteur ferme la porte de la penderie et va ouvrir la porte à cour.*) Mme Léra du Serpolet, si vous voulez bien entrer et vous installer…

Marie-Bernadette entre et s'installe dans le fauteuil.

MARIE-BERNADETTE, *éternuant.* – Pardonnez-moi, une simple allergie aux acariens. Je suis malheureusement allergique à tout un tas de choses… Je vous écoute, commissaire.

JACQUES. – Inspecteur… C'est inspecteur, pas commissaire.

MARIE-BERNADETTE. – Excusez-moi, je n'ai pas l'habitude de fréquenter des subalternes.

JACQUES. – C'est toujours agréable… *(Une pause.)* Madame Léra du Serpolet, vous avez eu une carrière bien remplie…

MARIE-BERNADETTE. – Je vois, inspecteur, que vous faites partie de mes admirateurs…

JACQUES. – Moi non, mais mon père vous adorait !

MARIE-BERNADETTE, *vexée*. – Bon, venons-en au fait, inspecteur, vous voulez bien ?

JACQUES. – Qu'est-ce qui vous a motivée à venir jouer dans ce théâtre de province avec M. Réal que vous détestiez tant ?

MARIE-BERNADETTE. – Je ne détestais pas du tout William…

JACQUES. – Vous avez tout de même menacé de le tuer…

MARIE-BERNADETTE. – Certes… Pour tout vous dire, inspecteur, une comédienne au sommet de son art comme je le suis doit savoir se donner à son public mais aussi aux jeunes comédiens débutants.

JACQUES. – Mais William Réal n'était pas ce que l'on peut appeler un débutant !

MARIE-BERNADETTE. – Allons, ne soyez pas naïf ! Si William a accepté de jouer dans la même pièce que moi c'est pour relancer sa carrière, pour que je le mette en lumière !

JACQUES. – Ne craigniez-vous pas justement que M. Réal ne prenne toute la lumière et qu'il en soit fini de votre propre carrière ? D'autant qu'avec les jeunes comédiennes qui l'entouraient sur scène…

MARIE-BERNADETTE. – Aucune d'entre elles n'a mon talent !

JACQUES. – Corinne Boba semble pourtant avoir d'autres talents, non ?

MARIE-BERNADETTE. – Je ne vois pas où vous voulez en venir.

JACQUES. – Madame Léra du Serpolet, je vais être direct : êtes-vous au courant de la relation intime qu'entretiennent M. Gaillot et Mlle Boba ?

MARIE-BERNADETTE, *prenant la chose à la légère.* – Oh ! pourquoi de telles sornettes circulent-elles, inspecteur ? Parce qu'Edmond est de quarante ans mon cadet ? Soit… Mais depuis le temps que d'aucuns racontent ces histoires, vous vous doutez bien que cela ne peut que peu me chaloir…

JACQUES. – Pardon ?

MARIE-BERNADETTE. – Oui, peu me chaut, peu m'importe !

JACQUES. – Mais là j'ai des preuves et des témoignages ! Je suis navré, madame, mais Mlle Boba est bien la maîtresse d'Edmond Gaillot.

MARIE-BERNADETTE, *atteinte.* – Comment ?! Des preuves, dites-vous ?

JACQUES. – Oui. Irréfutables, madame. Edmond est bien l'amant de Corinne Boba, ça ne fait aucun doute.

MARIE-BERNADETTE. – Vous galéjez, mon cher !

JACQUES. – J'ai bien peur que non, madame. J'ai des preuves formelles.

MARIE-BERNADETTE. – La petite intrigante… *(Elle fond en larmes et sort en pleurant.)*

JACQUES, *ouvrant la porte de la penderie.* – Merci pour votre aide ! Mais qu'est-ce que vous foutiez ? Tout à l'heure, vous frappiez à tout va et maintenant plus rien !

JANINE, *une boîte à la main, mangeant ce qu'elle contient.* – J'ai été un peu distraite ! J'ai trouvé les acras de morue que Mme Léra du Serpolet s'était fait livrer. Elle avait dû les planquer là pour que je puisse pas y toucher… Qu'est-ce que vous voulez, j'suis gourmande, j'suis gourmande !

JACQUES. – Bon, Janine, posez ça ! Il ne nous reste plus que deux suspects à interroger et pour le moment je n'ai pas grand-chose… Alors je compte vraiment sur vous ! *(Il referme la penderie et se dirige vers la porte côté cour pour appeler Valérie.)* Madame Piallat, s'il vous plaît !

SCÈNE 9

JACQUES, VALÉRIE, JANINE

VALÉRIE. – Alors, inspecteur, vous me faites attendre ? Vous cherchiez à me mettre sur la sellette que vous ne procéderiez pas autrement… Je n'ai pourtant rien à me reprocher…

JACQUES. – C'est vite dit, madame Piallat ! Vous oubliez un peu vite ce que vous dissimulez dans votre tiroir…

VALÉRIE, *inquiète.* – Dans mon tiroir ?

JACQUES. – Allons, madame ! Vous savez bien de quoi je veux parler… Vos « vitamines »…

VALÉRIE, *décontenancée.* – Et alors ? Il est interdit de prendre quelques vitamines avant une représentation éprouvante ?

JACQUES. – Quand ces vitamines sont en réalité des amphétamines, oui.

VALÉRIE. – Quoi qu'il en soit, je ne vois pas le rapport avec le meurtre de William.

Janine frappe un coup, Jacques lève les yeux au ciel.

JACQUES. – Vous avez raison, ça n'a aucun rapport.

VALÉRIE. – Eh bien, alors ?

JACQUES. – Aucun rapport direct, certes, mais si M. Réal avait découvert votre petite consommation personnelle, il aurait pu essayer de vous faire chanter…

VALÉRIE. – William ? Me faire chanter ? Mais il aurait pour ça fallu qu'il s'aperçoive de ce qui se passait autour de lui !

JACQUES. – Comment ça ?

VALÉRIE. – Il était tellement plein de lui-même qu'il n'avait pas de place pour les autres ! Alors imaginer qu'il allait se rendre compte de ma consommation de « vitamines »… *(Elle insiste sur ce mot.)*

JACQUES, *dubitatif*. – Mouais… *(Une pause.)* Vous connaissiez bien William Réal ?

VALÉRIE. – Assez peu, en fait. Comme beaucoup d'entre nous, j'ai fait sa connaissance lorsque j'ai été engagée pour jouer dans la pièce d'Edmond.

JACQUES. – Et quelles relations entreteniez-vous avec lui ?

VALÉRIE. – Rien de bien amical. C'était un goujat, il était froid, cynique et volontiers méprisant.

JACQUES. – Quel portrait, dites-moi !

VALÉRIE. – Un portrait on ne peut plus réaliste… Et avec les années, son caractère n'allait pas en s'arrangeant !

JACQUES. – Avec les années ? Mais je croyais que vous aviez fait sa connaissance il y a quelques mois seulement ?

VALÉRIE, *gênée*. – Oui… Enfin, je veux dire… Enfin, je veux plutôt dire… En vieillissant ça ne se serait sans doute pas arrangé…

JACQUES. – C'est curieux, madame Piallat… J'ai la très désagréable impression que vous me cachez quelque chose…

Janine frappe un coup.

VALÉRIE. – Moi ?! Mais pas du tout, inspecteur…

Janine frappe deux coups.

JACQUES. – Qu'avez-vous fait au cours de ces dernières heures ?

VALÉRIE. – Eh bien, j'ai répété, j'ai calé avec William deux ou trois scènes qui n'étaient pas encore très au point et je me suis préparée pour la représentation.

JACQUES. – Vous aussi êtes restée sur l'île toute la journée. Vous auriez donc pu avoir le temps de mettre en place le piège mortel dans lequel est tombé M. Réal.

VALÉRIE. – Ce ne sont que des suppositions, inspecteur. Pour accuser, il faut des preuves…

JACQUES. – Ne vous inquiétez pas pour ça. Si vous êtes coupable, je me fais fort d'en trouver. Vous étiez au courant de l'allergie de M. Réal ?

VALÉRIE. – Moi ? Pas du tout !

JACQUES. – C'est curieux, car on vient de me dire que tout le monde était au courant…

VALÉRIE. – Tout le monde peut-être, mais pas moi.

JACQUES. – Je ne vous crois pas, madame. Par conséquent, vous comprendrez que je peux logiquement me demander pourquoi vous voulez chercher à me faire croire que vous ne connaissiez pas l'état de santé de William Réal…

VALÉRIE. – Pensez ce que vous voulez. J'ai ma conscience pour moi.

JACQUES. – Quoi qu'il en soit, nous allons en rester là pour l'instant. Vous voulez bien rejoindre vos petits camarades et demander à Mme Cansade qu'elle vienne me voir ?

VALÉRIE. – Très bien, inspecteur

Valérie sort à cour. Janine ouvre immédiatement la porte de la penderie.

Scène 10

JANINE, JACQUES, FABIENNE, MARIE-BERNADETTE,
JOSIANE, VALÉRIE, EDMOND

JANINE. – Qu'est-ce qu'il fait chaud là-dedans !

JACQUES. – Retournez immédiatement à votre poste, Fabienne Cansade va arriver d'une seconde à l'autre !

Fabienne entre. Jacques referme brutalement la porte de la penderie sur Janine avant que Fabienne ne l'aperçoive.

FABIENNE. – Vous parlez tout seul, inspecteur ?

JACQUES. – Non, non, je… réfléchissais à voix haute…

FABIENNE. – Ne vous fatiguez pas. *(Parlant plus fort en direction de la penderie.)* Je sais où se trouve actuellement votre assistante !

JACQUES, *gêné*. – Mais…

FABIENNE. – Corinne m'a tout expliqué !

JANINE, *bondissant de la penderie.* – Bon, ben alors c'est pas la peine que je continue à crever de chaud dans cette satanée penderie, moi !

FABIENNE. – Eh bien, voilà ! Quand on parle du loup, il sort du bois… Inspecteur, si vous voulez bien faire vite, toute cette histoire m'a épuisée…

JANINE. – On se demande bien ce qui vous épuise pas, vous…

JACQUES. – Comme tous les autres, vous allez me dire que vous n'avez rien à voir avec le meurtre de M. Réal et que vous ne le connaissiez pas depuis très longtemps ?

FABIENNE. – Oui et non !

JACQUES. – Comment ça, « oui et non » ?

JANINE, *d'un air inquisiteur.* – Oui, comment ça ?

FABIENNE. – Je veux dire, oui je vais vous dire que je n'ai rien à voir avec le meurtre de M. Réal et non je ne vais pas vous dire que je ne le connaissais pas.

JANINE, *à part, à l'inspecteur.* – J'vous l'avais bien dit qu'ils se connaissaient !

JACQUES. – Et comment aviez-vous fait la connaissance de William Réal ?

FABIENNE. – C'était il y a une quinzaine d'années. Nous avions joué tous les deux dans une pièce à Paris.

JACQUES. – Et ?…

FABIENNE. – Et c'est tout !

Janine s'approche de la porte de la penderie et frappe deux coups.

JACQUES, *à Janine.* – Qu'est-ce que vous faites ?

JANINE, *à Jacques.* – Ah ! pardon ! C'est l'habitude… Je vous dis qu'ils ont fricoté !

JACQUES. – Certaines sources autorisées m'ont dit que vous aviez eu une liaison avec M. Réal voici quelques années…

FABIENNE. – Quelle sottise ! William et moi étions collègues, amis pendant un temps, mais nous n'avons jamais entretenu le genre de relation dont vous parlez, inspecteur ! Certes le public a pu se méprendre à l'époque mais ce ne sont là que des racontars.

JACQUES, *regardant Janine, qui se trouve prise en sandwich entre Fabienne et Jacques.* – Je suppose que mes sources ont peut-être un peu exagéré la réalité ?

Janine grimace.

FABIENNE, *comprenant qu'il s'agit de Janine.* – Sans doute… Dites à vos sources qu'elles arrêtent d'écouter aux portes, ça leur évitera de raconter des âneries.

JACQUES, *adressant un regard à Janine, qui grimace.* – Je transmettrai le message à mes sources…

FABIENNE. – Vous voyez bien, inspecteur, que le meurtrier de William n'est pas parmi nous ! Il va vous falloir chercher ailleurs.

Entre Marie-Bernadette, soutenue de chaque côté par Josiane et Valérie. Marie-Bernadette est en larmes et ne dit pas un mot. Pierre l'évente.

JOSIANE. – Elle est comme ça depuis tout à l'heure !

VALÉRIE. – Oui, elle reste prostrée et ne dit plus un mot !

JANINE, *s'approchant de Marie-Bernadette*. – Ça ne va pas, madame ? C'est à cause de M. Edmond ? *(Les pleurs de Marie-Bernadette s'élancent dans un grand cri. On voit qu'elle essaie de prononcer un mot mais rien ne sort vraiment.)* Oui, c'est ça, allez-y, madame, parlez… parlez… Dites-nous quelque chose… *(Aux autres.)* On dirait qu'elle veut dire quelque chose.

> *Marie-Bernadette met du temps avant de parvenir à parler. Les autres sont suspendus à ses lèvres.*

MARIE-BERNADETTE, *d'une voix grave*. – Trou du cul.

JANINE. – Ah ! ben voilà ! Ça fait du bien, hein ?

> *Edmond entre.*

EDMOND. – Minou !

MARIE-BERNADETTE, *glaciale*. – Ne m'approche pas !

EDMOND, *s'agenouillant*. – Mais minou…

MARIE-BERNADETTE. – J'aurais dû m'en douter ! Tout cet argent que tu me disais utiliser pour financer les travaux de notre théâtre ! Des travaux qui n'avançaient pas… Tout ça, ça partait sur des comptes en Suisse !

EDMOND. – Minou, je te jure…

MARIE-BERNADETTE. – Ne jure pas, je déteste !

EDMOND, *sur le ton d'un ministre devant la représentation nationale*. – Minou, je n'ai pas, je n'ai jamais eu et je n'aurai jamais de compte en Suisse.

Janine. – Faudrait p't-être voir à pas insister, monsieur Edmond… Là, vous êtes comme qui dirait un peu grillé…

Edmond. – Mais minou, tout ce que j'ai fait c'était pour nous…

Marie-Bernadette. – Et puis cesse de m'appeler « minou ». Il n'y a plus de « minou » qui tienne. Et quand je pense au nombre de fois où tu m'as dit rendre visite à mon amie Viviane Drétancourt ! Tu allais la plumer elle aussi ?

Edmond. – Tu te méprends…

Marie-Bernadette. – Alors, qu'allais-tu faire chez cette vieille shampouineuse ?!

Janine. – N'insistez pas, monsieur Edmond, son majordome m'a tout raconté !

Tous se mêlent de la dispute.

Jacques, *à part, à Janine*. – Janine, je crois que je sais comment coincer notre assassin. Mais pour ça j'ai besoin de votre aide et de celle du docteur. Je peux toujours compter sur vous ?

Pierre. – Bien évidemment !

Janine, *grandiloquente, au garde-à-vous*. – Bien sûr. J'attends vos ordres, inspecteur !

Noir.

Scène 11

Lorsque la lumière revient, Josiane, Valérie, Marie-Bernadette, Fabienne et Edmond sont toujours sur scène. La dispute semble terminée. Ils ont été rejoints par Corinne, qui se trouve derrière le fauteuil dans lequel est assise Marie-Bernadette avec un air pincé.
Janine entre à cour avec l'inspecteur et le médecin.

Janine, *s'approchant de Marie-Bernadette.* – Vous vous sentez mieux, madame ?

Marie-Bernadette, *reniflant.* – Oh ! Janine ! Cette fois vous vous êtes servie dans les acras de morue ! Vous empestez ! Tiens, d'ailleurs, en parlant de morue, où est Corinne ?

Corinne, *derrière le fauteuil, à côté d'Edmond.* – Je suis là !

Marie-Bernadette. – Ah ! je me disais aussi qu'Edmond étant là, vous ne deviez pas vous trouver bien loin !

Jacques. – Je vous en prie, vous n'allez pas remettre ça ! *(Une pause.)* Tout d'abord, une première bonne nouvelle : nous voilà revenus à la civilisation puisque la liaison téléphonique avec le continent vient d'être rétablie.

Tous, *satisfaction générale.* – Ah !!!

Jacques. – J'ai donc pu joindre mes collègues, qui m'ont communiqué les résultats de l'analyse de la seringue utilisée pour l'injection pratiquée sur M. Réal. Celle-ci contenait un mélange d'arachide et de bêtabloquants. Le docteur Bernard vient de m'expliquer que les bêtabloquants pouvaient entraîner, chez les personnes présentant un risque de choc allergique comme M. Réal, une aggravation du choc voire une résistance à son traitement. Le moins que l'on puisse dire, c'est que le meurtrier ne voulait pas rater son coup. Mais si je vous ai tous réunis c'est que je suis maintenant en mesure de vous révéler le nom du coupable.

JANINE. – Quoi ?!

JANINE, *fière*. – Ouais, on sait qui c'est qui a zigouillé M. William !

JACQUES, *agacé*. – Oui, bon, merci Janine… Grâce à l'aide de Pierre et de Janine, je suis en mesure de dire qui est le meurtrier de M. Réal et de le prouver. *(Une pause. Tous semblent inquiets.)* Savez-vous que l'arachide se teinte en rouge lorsqu'on le met en contact avec de l'acide tartrique ? Or, les ongles ont la propriété d'absorber l'arachide et donc d'en conserver la trace pendant plusieurs heures. *(Ils restent tous figés.)* Docteur…

PIERRE. – Il s'agit d'un procédé très simple pour mettre en évidence la présence d'arachide sur les mains, la réaction persistant plusieurs heures après le contact avec de l'arachide. De plus, l'acide tartrique se trouve assez facilement dans le commerce.

JACQUES. – Janine a d'ailleurs bien voulu nous faire don d'un flacon de cet acide que contenait la « valise du petit chimiste » qu'elle s'apprêtait à offrir à son petit-neveu. Merci, Janine.

JANINE, *prenant un air important*. – Oh ! mais je n'ai fait que mon devoir…

JACQUES. – Les seuls ongles dans cette pièce qui devraient se teinter en rouge si l'on verse dessus de l'acide tartrique devraient donc être logiquement ceux de Janine et du docteur, puisqu'ils ont tous les deux touché la seringue remplie d'arachide… et ceux de l'assassin. *(Une pause.)* Janine, démonstration ! *(Jacques place un mouchoir en papier sous la main de Janine et fait couler un peu de colorant rouge sur ses ongles.)* Vous voyez, rien de plus simple ! Il ne nous reste donc plus qu'à procéder à ce test rapide sur chacun de vous et nous serons fixés.

> *À la suite de cette réplique, la pièce pourra correspondre à l'un des six épilogues différents suivants, en fonction du choix du public, auquel on proposera de voter pendant l'entracte. La troupe peut également opter pour un seul épilogue de son choix et ne jouer que celui-ci.*

ÉPILOGUES

Tous

ÉPILOGUE N° 1
Corinne est coupable

Corinne s'évanouit. Pierre s'approche d'elle et l'aide à s'étendre sur le fauteuil. Il lui tapote les joues.

PIERRE. – Mademoiselle Boba ?… *(Une pause.)* Ça y est, elle revient à elle.

JACQUES. – Dites-moi, mademoiselle Boba, vous semblez bien inquiète à l'idée que nous procédions à ce test…

CORINNE. – Mais pas du tout, c'est la chaleur…

JACQUES. – Alors, dans ce cas, commençons par vous. *(Il s'approche avec le flacon.)*

CORINNE, *abandonnant ses allures d'idiote, changeant brusquement de ton.* – Laissez tomber, de toute façon vous allez finir par le savoir avec votre test ! Oui, c'est moi qui ai tué William. *(Les autres sont stupéfaits.)*

JACQUES. – Ça je l'avais deviné, mais ce que je ne m'explique pas c'est la raison de votre geste… Mis à part le fait que vous soyez la sœur de M. Réal, enfin plutôt sans doute sa demi-sœur… *(Corinne est surprise.)* Oui, ce qui a attiré mon attention c'est que vous m'ayez dit ne pas avoir vos papiers sur vous alors que j'avais aperçu votre passeport dans vos affaires pendant mon inspection des coulisses. Pourquoi chercher à me dissimuler ce document si vous n'aviez rien à cacher? En le découvrant, j'ai aussi pris connaissance du fait que Boba était en réalité le nom de votre ex-mari, votre nom de jeune fille étant Réal, comme William… Mais pourquoi un geste aussi radical?

CORINNE. – William et moi avions le même père, c'est vrai, mais William n'avait plus aucun contact avec lui depuis de nombreuses années déjà. Nous ne nous étions d'ailleurs jamais rencontrés. Or, quand notre père est mort, le notaire a cherché à partager l'héritage et je n'allais tout de même pas laisser William empocher la moitié de ce que j'aurais dû avoir! Alors j'ai séduit Edmond, je me suis fait engager dans cette troupe pour me rapprocher de William et il ne me restait ensuite plus qu'à mettre mon plan à exécution en cherchant le moyen le plus discret de le tuer. J'ai pensé que l'allergie passerait pour un accident…

> *Le téléphone sonne.*

JACQUES, *décrochant*. – Inspecteur Jacques Farland à l'appareil… Bonne nouvelle! Merci, à tout de suite. *(À Pierre.)* Docteur, vous voulez bien conduire Mlle Boba à l'embarcadère? Les renforts viennent d'arriver. D'ailleurs, je vais vous demander à tous de bien vouloir rejoindre également l'embarcadère. Une fois de retour sur le continent, j'aurai encore quelques petites questions à vous poser.

> *Tous sortent sauf Janine et l'inspecteur.*
> *À la suite de cette réplique, la fin est identique quel que soit le coupable (se reporter à la fin commune).*

ÉPILOGUE N° 2
Fabienne est coupable

Fabienne s'évanouit. Pierre s'approche d'elle et l'aide à s'étendre sur le fauteuil. Il lui tapote les joues.

PIERRE. – Madame Cansade?… *(Une pause.)* Ça y est, elle revient à elle.

JACQUES. – Dites-moi, madame Cansade, vous semblez bien inquiète à l'idée que nous procédions à ce test…

FABIENNE. – Mais pas du tout, c'est la chaleur…

JACQUES. – Alors, dans ce cas, commençons par vous. *(Il s'approche avec le flacon.)*

FABIENNE, *changeant brusquement de ton*. – Laissez tomber, de toute façon vous allez finir par le savoir avec votre test! Oui, c'est moi qui ai tué William. *(Les autres sont stupéfaits.)*

JACQUES. – Ça je l'avais deviné, mais ce que je ne m'explique pas c'est la raison de votre geste… Mis à part le fait que vous ayez eu il y a quelques années une relation autre qu'amicale avec M. Réal. *(Fabienne jette un regard glacial à Janine.)* Oui, c'est Janine qui m'en a parlé, et ce qui m'a permis de comprendre c'est le fait que vous cherchiez à me dissimuler cette relation passée. Pourquoi la cacher si cela n'avait vraiment aucune importance? Mais pourquoi un geste aussi radical?

FABIENNE. – Il y a quinze ans environ, William et moi avons eu une liaison pendant quelques mois. Mais ce salaud a préféré me laisser tomber pour une productrice de théâtre… Plus porteuse pour sa carrière! Je ne m'en suis jamais remise et je me suis juré de

79

me venger. Je me suis donc fait engager dans cette troupe pour me rapprocher de William et il ne me restait ensuite plus qu'à mettre mon plan à exécution en cherchant le moyen le plus discret de le tuer. J'ai pensé que l'allergie passerait pour un accident…

Le téléphone sonne.

JACQUES, *décrochant.* – Inspecteur Jacques Farland à l'appareil… Bonne nouvelle ! Merci, à tout de suite. *(Il raccroche. À Pierre.)* Docteur, vous voulez bien conduire Mme Cansade à l'embarcadère ? Les renforts viennent d'arriver. D'ailleurs, je vais vous demander à tous de bien vouloir rejoindre également l'embarcadère. Une fois de retour sur le continent, j'aurai encore quelques petites questions à vous poser.

Tous sortent sauf Janine et l'inspecteur.
À la suite de cette réplique, la fin est identique quel que soit le coupable (se reporter à la fin commune).

ÉPILOGUE N° 3

Edmond est coupable

Edmond s'évanouit. Pierre s'approche de lui et l'aide à s'étendre sur le fauteuil. Il lui tapote les joues.

PIERRE. – Monsieur Gaillot ?… *(Une pause.)* Ça y est, il revient à lui.

JACQUES. – Dites-moi, monsieur Gaillot, vous semblez bien inquiet à l'idée que nous procédions à ce test…

EDMOND. – Mais pas du tout, c'est la chaleur…

JACQUES. – Alors, dans ce cas, commençons par vous. *(Il s'approche avec le flacon.)*

EDMOND, *changeant brusquement de ton.* – Laissez tomber, de toute façon vous allez finir par le savoir avec votre test ! Oui, c'est moi qui ai tué William. *(Les autres sont stupéfaits.)*

JACQUES. – Ça je l'avais deviné. *(Edmond est surpris.)* Oui, ce qui a attiré mon attention ce sont les articles de presse médicale sur les allergies alimentaires et les bêtabloquants qui se trouvaient dans votre mallette. Pourquoi chercher autant de renseignements sur le sujet si vous n'aviez pas une raison bien précise de le faire ? Et puis, votre visage ne m'était pas inconnu et pour cause puisque, je m'en suis souvenu ensuite, je l'avais vu sur le registre des personnes recherchées. À l'époque, vous vous faisiez appeler Étienne et non Edmond, et vous étiez accusé d'avoir escroqué un artiste disparu dans des conditions plutôt mystérieuses. Mais pourquoi un geste aussi radical avec William Réal ?

EDMOND. – Malgré sa carrière en perte de vitesse, William restait bien coté auprès des assureurs de théâtre. J'ai donc souscrit une forte assurance sur son nom. Il me fallait de l'argent pour partir avec Corinne. Après avoir engagé William et avoir contracté cette assurance, il ne me restait ensuite plus qu'à mettre mon plan à exécution en cherchant le moyen le plus discret de le tuer. J'ai pensé que l'allergie passerait pour un accident…

Le téléphone sonne.

JACQUES, *décrochant.* – Inspecteur Jacques Farland à l'appareil… Bonne nouvelle ! Merci, à tout de suite. *(Il décroche. À Pierre.)* Docteur, vous voulez bien conduire M. Gaillot à l'embarcadère ? Les renforts viennent d'arriver. D'ailleurs, je vais vous demander à tous de bien vouloir rejoindre également l'embarcadère. Une fois

de retour sur le continent, j'aurai encore quelques petites questions
à vous poser.

Tous sortent sauf Janine et l'inspecteur.
À la suite de cette réplique, la fin est identique quel que soit
le coupable (se reporter à la fin commune).

ÉPILOGUE N° 4
Marie-Bernadette est coupable

Marie-Bernadette s'évanouit. Pierre s'approche d'elle et l'aide
à s'étendre sur le fauteuil. Il lui tapote les joues.

PIERRE. – Madame Léra du Serpolet ?… *(Une pause.)* Ça y est,
elle revient à elle.

JACQUES. – Dites-moi, madame Léra du Serpolet, vous semblez
bien inquiète à l'idée que nous procédions à ce test…

MARIE-BERNADETTE. – Mais pas du tout, c'est la chaleur…

JACQUES. – Alors, dans ce cas, commençons par vous. *(Il s'ap-*
proche avec le flacon.)

MARIE-BERNADETTE, *changeant brusquement de ton.* – À quoi
bon, de toute façon vous allez finir par le savoir avec votre test !
Oui, c'est moi qui ai tué William. *(Les autres sont stupéfaits.)*

JACQUES. – Ça je l'avais deviné. *(Marie-Bernadette est surprise.)*
Oui, ce qui a attiré mon attention c'est votre tendance à l'allergie.
Comme beaucoup de monde, me direz-vous, mais j'ai alors repensé à
votre patronyme, si proche de celui de M. Réal : « Léra ». L'anagramme

parfaite ! Vous étiez parents, c'est bien cela ? Et William avait simplement dissimulé son vrai nom derrière cette anagramme ? Mais ça ne m'explique toujours pas pourquoi un geste aussi radical…

Marie-Bernadette. – Il y a de nombreuses années, j'ai eu un fils. À l'époque, ma carrière venait de débuter et je ne pouvais m'encombrer d'un enfant. Je l'ai donc abandonné. Quand j'ai vu William arriver ici, j'ai immédiatement compris qui il était : il y avait cette allergie et puis surtout cette tache de naissance dans son cou qui ne me laissait aucun doute. Je savais qu'il était venu pour se venger et je ne pouvais pas le laisser faire. J'ai donc décidé de chercher le moyen le plus discret de le tuer et j'ai pensé que l'allergie passerait pour un accident…

Le téléphone sonne.

Jacques, *décrochant.* – Inspecteur Jacques Farland à l'appareil… Bonne nouvelle ! Merci, à tout de suite. *(Il raccroche. À Pierre.)* Docteur, vous voulez bien conduire Mme Léra du Serpolet à l'embarcadère ? Les renforts viennent d'arriver. D'ailleurs, je vais vous demander à tous de bien vouloir rejoindre également l'embarcadère. Une fois de retour sur le continent, j'aurai encore quelques petites questions à vous poser.

Tous sortent sauf Janine et l'inspecteur.
À la suite de cette réplique, la fin est identique quel que soit le coupable (se reporter à la fin commune).

ÉPILOGUE N° 5
Valérie est coupable

Valérie s'évanouit. Pierre s'approche d'elle et l'aide à s'étendre sur le fauteuil. Il lui tapote les joues.

PIERRE. – Madame Piallat?… *(Une pause.)* Ça y est, elle revient à elle.

JACQUES. – Dites-moi, madame Piallat, vous semblez bien inquiète à l'idée que nous procédions à ce test…

VALÉRIE. – Mais pas du tout, c'est la chaleur…

JACQUES. – Alors, dans ce cas, commençons par vous. *(Il s'approche avec le flacon.)*

VALÉRIE, *changeant brusquement de ton*. – Laissez tomber, de toute façon vous allez finir par le savoir avec votre test! Oui, c'est moi qui ai tué William. *(Les autres sont stupéfaits.)*

JACQUES. – Ça je l'avais deviné, mais ce que je ne m'explique pas c'est la raison de votre geste… Ce qui a attiré mon attention c'est le fait que vous m'ayez dit que vous veniez de faire la connaissance de M. Réal alors qu'un de vos lapsus laissait penser que vous le connaissiez au contraire depuis fort longtemps… Pourquoi chercher à me le dissimuler si ça n'avait vraiment aucune importance? Et pourquoi un geste aussi radical?

VALÉRIE. – Il y a une dizaine d'années, alors que j'étais jeune actrice, je me suis présentée pour des essais et William était membre du jury. Il m'a refusée mais ne s'est pas contenté de ça. Il m'a savonné la planche auprès d'un nombre incalculable de metteurs en scène. Alors, je me suis juré que je me vengerais. Je me suis fait engager dans cette troupe pour me rapprocher de William et il ne me restait ensuite plus qu'à mettre mon plan à exécution en cherchant le moyen le plus discret de le tuer. J'ai pensé que l'allergie passerait pour un accident…

Le téléphone sonne.

Jacques, *décrochant.* – Inspecteur Jacques Farland à l'appareil… Bonne nouvelle ! Merci, à tout de suite. *(Il raccroche. À Pierre.)* Docteur, vous voulez bien conduire Mme Piallat à l'embarcadère ? Les renforts viennent d'arriver. D'ailleurs, je vais vous demander à tous de bien vouloir rejoindre également l'embarcadère. Une fois de retour sur le continent, j'aurai encore quelques petites questions à vous poser.

Tous sortent sauf Janine et l'inspecteur.
À la suite de cette réplique, la fin est identique quel que soit le coupable (se reporter à la fin commune).

ÉPILOGUE N° 6
Josiane est coupable

Josiane s'évanouit. Pierre s'approche d'elle et l'aide à s'étendre sur le fauteuil. Il lui tapote les joues.

Pierre. – Madame Tosca ?… *(Une pause.)* Ça y est, elle revient à elle.

Jacques. – Dites-moi, madame Tosca, vous semblez bien inquiète à l'idée que nous procédions à ce test…

Josiane. – Mais pas du tout, c'est la chaleur…

Jacques. – Alors, dans ce cas, commençons par vous. *(Il s'approche avec le flacon.)*

Josiane, *changeant brusquement de ton*. – Laissez tomber, de toute façon vous allez finir par le savoir avec votre test ! Oui, c'est moi qui ai tué William. *(Les autres sont stupéfaits.)*

Jacques. – Ça je l'avais deviné, mais ce que je ne m'explique pas c'est la raison de votre geste… Mis à part le fait que votre mari soit un concurrent direct de ce théâtre, pourquoi un geste aussi radical ?

Josiane. – William tenait le premier rôle dans la pièce d'Edmond. Et celui-ci était en train de ruiner mon mari dont le théâtre s'effondre. Je ne pouvais pas laisser faire ça ! Alors j'ai joué la comédie de la sympathique actrice prête à jouer sur d'autres scènes que celle de son mari. Je me suis fait engager dans cette troupe et il ne me restait ensuite plus qu'à mettre mon plan à exécution en cherchant le moyen le plus discret de tuer le premier rôle et de ruiner Edmond. J'ai pensé que l'allergie passerait pour un accident…

    Le téléphone sonne.

Jacques, *décrochant*. – Inspecteur Jacques Farland à l'appareil… Bonne nouvelle ! Merci, à tout de suite. *(Il raccroche. À Pierre.)* Docteur, vous voulez bien conduire Mme Tosca à l'embarcadère ? Les renforts viennent d'arriver. D'ailleurs, je vais vous demander à tous de bien vouloir rejoindre également l'embarcadère. Une fois de retour sur le continent, j'aurai encore quelques petites questions à vous poser.

    Tous sortent sauf Janine et l'inspecteur.
    À la suite de cette réplique, la fin est identique quel que soit le coupable (se reporter à la fin commune).

Fin commune

Janine et Jacques

Janine. – Dites voir, vous me rendrez le flacon d'acide machin-chose que je vous ai prêté ? Parce que j'vais en parler à ma sœur, moi, de votre truc. Elle qui se tache tout le temps quand elle fait la cuisine, ce sera drôlement pratique ! Une p'tite goutte de votre acide… Si ça devient rouge, c'est que sa tache c'est de l'huile et, si ça devient pas rouge, ben c'est que c'en est pas !

Jacques, *essayant de l'interrompre*. – Janine…

Janine, *continuant sur sa lancée*. – C'est vrai, après ça, y a plus qu'à choisir le bon détachant et le tour est joué !

Jacques. – Janine, inutile de vous emballer, j'ai tout inventé ! L'arachide ne devient pas rouge au contact de l'acide tartrique et ne l'est jamais devenu, c'était une complète invention, un piège pour confondre le coupable.

Janine, *déçue mais ne comprenant pas*. – Et pourquoi qui sont devenus rouges alors mes ongles tout à l'heure ?

Jacques. – Du colorant alimentaire rouge que j'avais trouvé dans les cuisines et que j'ai versé dans le flacon d'acide tartrique que vous m'avez prêté. Tout simplement…

Janine. – Je comprends pas…

Jacques. – Je n'avais que des soupçons mais aucune preuve. Il me fallait par conséquent des aveux. J'ai donc pensé qu'en laissant croire au coupable qu'il était coincé, il finirait par se trahir et par avouer. Et ça a marché ! *(Faussement flatteur.)* Merci, Janine, car votre aide a été décisive !

JANINE, *d'un air très sérieux*. – Justement, en parlant d'aide décisive… Vous embauchez pas en ce moment dans la police ?

JACQUES, *essayant de se corriger*. – Enfin, quand je disais « décisive »…

JANINE. – Oui, parce que j'me suis bien rendu compte que sans moi vous pataugeriez encore ! Alors j'me suis dit qu'on pourrait p't-être faire équipe !

JACQUES, *surpris et inquiet*. – Équipe ?!

JANINE. – C'est que j'ai le nez, moi, j'suis comme Miss Marple… *(Prononcer à la française : « marple ».)*… pour ce qui est des coupables ! Eh, avouez que quand la Janine elle s'occupe de l'enquête, ça prend quand même une autre tournure !

JACQUES. – Ah ça ! Quand Janine s'en mêle…

RIDEAU

FIN

4e trimestre 2014
1re édition, dépôt légal : décembre 2014
N° d'édition : 20157
ISBN : 978-2-84422-970-0